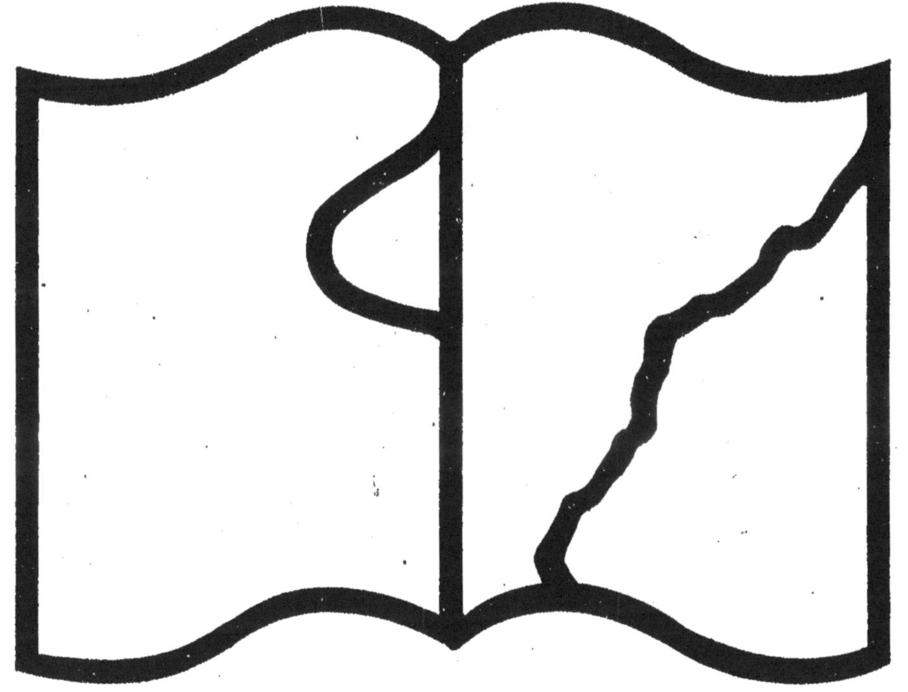

Texte détérioré — reliure défectueuse

NF Z 43-120-11

Symbole applicable
pour tout,ou partie
des documents microfilmés

L'ÊTRE SOCIAL

PAR

ARMAND HAYEM

« On pense métaphysiquement.
On vit et on agit physiquement. »

DEUXIÈME ÉDITION

PARIS

ANCIENNE LIBRAIRIE GERMER BAILLIÈRE ET Cie
FÉLIX ALCAN, ÉDITEUR
108, BOULEVARD SAINT-GERMAIN, 108

1885

BOURLOTON. — Imprimeries réunies, A, rue Mignon, 2, Paris.

L'ÊTRE SOCIAL

DU MÊME AUTEUR

Quelques conséquences du principe des nationalités, ou Essai de critique politique. 1 vol. in-12. Publié en 1868 sous le pseudonyme *Victor Sem.*

La Démocratie représentative. 1 vol. in-18.

De la Représentation nationale ou du plus juste moyen de conjurer les dangers d'une fausse représentation. 1 vol. in-18.

Le Mariage, ouvrage ayant obtenu une mention honorable de l'Institut (Académie des sciences morales et politiques). 1 vol. in-8°.

Le Collier.

Pour paraître prochainement :

Le Don Juanisme.

Bourloton. — Imprimeries réunies, A, rue Mignon, 2, Paris.

L'ÊTRE SOCIAL

PAR

ARMAND HAYEM

« On pense métaphysiquement.
On vit et on agit physiquement. »

DEUXIÈME ÉDITION

PARIS

ANCIENNE LIBRAIRIE GERMER BAILLIÈRE ET Cie

Félix ALCAN, éditeur

108, BOULEVARD SAINT-GERMAIN, 108

1885

AVANT-PROPOS

L'Académie des sciences morales et politiques avait mis au concours cette question :

« Chercher les raisons de la différence qui peut exister dans les opinions et les sentiments moraux des différentes parties de la société. »

D'ailleurs aucun programme.

C'est sur cette question, si grande et si étrangement posée, qu'a été écrit ce livre auquel nous donnons pour titre : « De l'Être Social ». *Car c'est l'être social tout entier qui y est étudié.*

Ou la question posée impliquait cette étude, ou elle ne voulait rien dire.

Cependant, après plus de deux années, l'Académie, sur le rapport d'un économiste, M. Baudrillart, désigné par elle pour décider de cette haute question de science et de philosophie, a jugé à propos de retirer la question sans décerner de prix.

Le mémoire qu'on va lire était plein de mérite, bien entendu. Il en avait beaucoup plus que les deux autres présentés : c'est le rapporteur qui le dit. Mais il n'avait point « traité la question ».

Cette critique facile nous faisait un point d'honneur de nous adresser au public en publiant ce mémoire tel qu'il avait été présenté à l'Académie.

C'est ce que nous faisons aujourd'hui avec confiance.

L'auteur du « Faste Funéraire », *des* « Fêtes publiques dans l'ancienne monarchie » *et autres graves sujets, était-il celui que ses facultés encyclopédiques et une compétence particulière désignaient exclusivement pour juge et rapporteur dans cette question de science sociale?*

C'est ce que la bonne opinion que nous gardons à l'égard des membres de l'Institut ne permettra jamais de supposer.

INTRODUCTION

« Chercher les raisons de la différence qui peut exister dans les opinions et les sentiments moraux des différentes parties de la société », c'est embrasser le problème social tout entier.

Ces raisons ne peuvent être que profondes et organiques. Ce que l'arrangement des choses sociales y ajoute de causes particulières, selon le climat et les circonstances; ce qu'y ajoute aussi cette cause constante, qui est la personnalité humaine elle-même, l'individu dont la dissemblance avec la collectivité est elle-même organique, et dont l'influence est plus ou moins étendue, sera nécessairement de moindre importance.

Cependant, nous en devrons tenir compte et peut-être trouverons-nous dans l'individualité humaine et l'action personnelle des raisons de différence non encore établies.

A embrasser la question dans son caractère général toute dissemblance naturelle, de forme individuelle ou collective, peut paraître une des raisons dont la recherche va nous occuper. S'il n'y a rien qui n'ait sa raison suffisante, il n'y a rien qui ait sa raison simple. Ce qui nous paraît simple ne nous paraît sans doute tel que par un effet de notre ignorance. Aussi bien peut-on admettre que cette apparence marque simplement la limite actuelle atteinte par la science. Il n'y a pas longtemps qu'un savant astronome anglais, M. Norman-Lockyer, établissait qu'un grand nombre de corps considérés comme simples, tels que le calcium, étaient des corps composés. Il est possible que dans l'ordre moral, aussi bien que dans l'ordre physique, nous parvenions quelque jour à la découverte de causes plus simples et peut-être d'une cause unique. Le monde moral peut être considéré comme possédant ses corps simples et ses corps composés réductibles en des éléments plus simples jusqu'à un élément unique. Cependant les phénomènes sociaux n'apparaissent pas jusqu'ici avec ce caractère de causes simples et facilement déterminables.

Faut-il l'attribuer au degré de développement des sciences physiques comparativement à celui des sciences sociales, seulement en formation?

Il est constant, d'autre part, que le monde physique apparent jouit d'une certaine fixité que le monde moral ne présente pas. La nature telle qu'elle s'offre à nous est de plus en plus pénétrée et découverte, mais elle ne varie pas. L'humanité, au contraire, est essentiellement différente d'elle-même; elle se développe et se transfigure sous le regard même de l'observateur. Si nous pouvons dire que les hommes sont toujours les mêmes, ce qui d'ailleurs n'est point établi, nous n'en pouvons dire autant de l'humanité, ni des sociétés qui sont sa forme visible dans l'espace.

Là, l'investigation présente des difficultés de toute nature. L'expérimentation est possible dans le monde physique. Elle y est pour ainsi dire sans limite. Dans le monde moral, l'expérimentation est impossible ou plutôt l'observateur n'en est pas le maître. Elle se fait par la nature des choses secondée par la mobilité des événements. Là l'homme asservit les choses, les combine et les voit, dans l'instant même où il les associe, produire leurs résultats. Ici elles le dominent, il ne peut les observer que dans le passé; l'expérience se fait par siècles au lieu de se compter par minutes et les plus sages combinaisons de la pensée ne produiront leurs effets les moins incertains que longtemps après que sera disparu l'esprit qui les aura conçues.

Ainsi dans la nature, d'une fixité formellement constante, l'expérimentation peut être de tous les moments ; dans l'humanité, d'une mobilité essentielle, l'observateur entraîné dans le mouvement perd le sens du présent, trouve l'expérimentation impossible et ne peut presque rien induire que du passé.

Je néglige, bien entendu, les époques de la nature. Je prends la nature telle qu'elle se présente à l'observateur contemporain avec ses sensations et expérimentations immédiates. Les révolutions du globe sont sans proportion avec les révolutions sociales. Bien que la différence soit très disproportionnée, il n'y a pas moins de différence entre l'époque actuelle de la nature et l'époque du mégatherium, qu'entre l'état actuel de la société française, dont nous avons surtout à nous occuper, et l'état de cette même société il y a dix siècles. Je dois même remarquer que l'évolution sociale se précipite tandis que l'évolution de la nature semble ralentie ou arrêtée.

Mais quelles que soient les différences que mettent entre elles la nature des choses, les sciences physiques et les sciences sociales présentent, dans une certaine mesure, une méthode commune d'observation. Car si le mouvement historique échappe à l'action de l'observateur, celui-ci reste cependant maître de certaines expérimentations sociales et politiques. Les institutions, les lois, les réglementations dépendent de la sagesse des hommes.

Sans doute il reste toujours cette différence entre l'observateur physique et l'observateur moral qu'il suffit au premier d'avoir un cabinet d'expériences pour poursuivre des recherches utiles, tandis qu'il ne suffit pas toujours au second d'être moraliste, législateur ou même homme d'État pour combiner certains éléments moraux nécessaires à ses expérimentations. Il lui reste de pouvoir suivre curieusement les combinaisons inévitables des éléments sociaux que ses contemporains essayent plus ou moins aveuglément. Bien que l'expérimentation demeure en dehors de lui, il doit recourir à la méthode d'observation des sciences physiques. Seulement, il y doit ajouter la méthode historique ou inductive sans laquelle ses observations demeureraient sans liens avec l'ensemble connu des principaux phénomènes sociaux.

La tâche de l'observateur du monde moral est donc plus rude encore que celle de l'observateur du monde physique : et, nous employons ici, à dessein, l'expression générique de monde moral parce que tous les phénomènes sociaux y doivent être compris par leurs résultats, bien que la part d'animalité qui demeure en l'homme fournisse à leur point de départ un élément physique nécessaire.

L'homme, à lui seul, est une sorte d'expression synthétique de la nature morale et de la nature physique. Socialement parlant, il produit des résultats moraux, ou plutôt ce sont les seuls dont nous ayons à tenir compte dans ce mémoire et c'est pourquoi nous considérerons les phénomènes sociaux comme des phénomènes moraux et identifierons cette étude sociale à une étude morale.

D'ailleurs, l'ordre physique et l'ordre moral sont si indissolublement associés qu'il n'y a point de morale sans physique. La science physique étant, d'autre part, plus avancée que la science sociale, nous devrons nécessairement lui emprunter beaucoup.

La tendance à voir dans l'ordre moral les mêmes lois qu'a révélées la science physique résulte du degré d'avancement de cette science. Nous pouvons, hypothétiquement, faire application de ces lois dans le sujet qui nous occupe. Nous nous garderons bien cependant de les admettre toutes comme applicables au monde social.

Nous pensons que, seul, un très petit nombre de ces lois pourra s'appliquer aux phénomènes sociaux, chaque fois que l'induction historique et l'expérimentation possible en vérifieront l'application ; telle, par exemple, la loi universelle d'action et réaction, observable dans les deux ordres de phénomènes, ou cette loi plus moderne que les éléments qui entretiennent la vie sont les mêmes qui la détruisent. Les lois du nombre et de la force ne se trouveront pas applicables. Là, le monde moral se dessine fortement, l'idée proteste contre le fait, le droit contre la force. La lutte s'accuse de plus en plus, comme si l'évolution humaine tendait à proscrire et réduire, de degré en degré, la matière pour lui substituer partout la pensée.

Les hommes présentent entre eux une véritable isométrie. Les éléments constitutifs sont les mêmes, mais les effets produits sont très différents. Ce résultat a sa source dans les groupements et les dispositions particulières. Autant de sujets d'étude et de l'étude la plus délicate et la plus difficile.

Pour être complet, nous aurions à écrire, en même temps qu'un traité d'histoire et de morale, un véritable traité de morphologie, de biologie, de physiologie de psychologie et de pathologie sociales ; car les différences des opinions et des sentiments des diverses parties de la société sont, en même temps, dans des différences de forme, de genre, d'organes, de facultés, dans des sortes de diathèses générales et particulières, en dehors même des idiosyncrasies.

Nous devons nous borner, dans ce mémoire, aux grandes lignes du sujet et aux synthèses les moins douteuses. L'état de nos connaissances et la nature même du sujet ne permettent point de donner à cette étude le caractère de certitude qui serait désirable. A l'exemple de ce qui s'est passé pour les sciences physiques qui, au début, ont dû procéder et procèdent encore par voie d'hypothèse, nous devrons admettre les hypothèses les plus probables sur tous les points non encore établis historiquement ou expérimentalement. Beaucoup de points de vue s'ouvriront, chemin faisant, par le seul développement de la pensée, que nous laisserons se produire naturellement sans admettre qu'on y voie des solutions personnelles. Ces points de vue pourront se multiplier à proportion de la densité du sujet. Nous n'essayerons point de les limiter. Nous pensons, qu'en une matière qui comporte si peu de certitude, tous les reflets que l'observation du monde donne à la pensée peuvent concourir de tous les points de la circonférence au foyer unique de la vérité pour l'éclairer et la vivifier.

L'ÊTRE SOCIAL

LIVRE PREMIER

CONSIDÉRATIONS GÉNÉRALES

I

Quand on aura étudié la société dans ses origines, dans ses éléments constitutifs, dans ses conditions d'existence, dans ses lois d'évolution, on comprendra mieux l'inégalité qui se rencontre parmi les hommes, la diversité des conditions et des classes sociales, et l'on découvrira plus aisément les causes de désaccord qui se rencontrent dans les opinions et les sentiments.

Il est bon, tout d'abord, d'examiner ces conditions générales avant de rechercher les conditions particulières à chaque partie de la société.

Cette étude n'eût pas été possible avant le temps

où nous sommes, et peut-être même est-elle prématurée. Les contemporains d'Hérodote ou d'Aristote pouvaient étudier la société grecque et même la société des Mèdes, des Perses, des Égyptiens. Pouvaient-ils découvrir dans ces études des lois assez générales pour être appliquées à toutes les sociétés présentant même un caractère commun de civilisation? Un long développement historique peut seul fournir les éléments d'une étude scientifique de la société humaine, embrassée dans toutes ses civilisations qui, à la distance où nous sommes aujourd'hui, peuvent nous apparaître comme les évolutions successives d'un même être à travers certains milieux déterminés et nécessaires.

Pourquoi la société ne serait-elle pas considérée comme un être simple, aussi simple que l'individu humain, et étudiée dans sa physiologie et dans sa psychologie propres? Ou même, n'est-ce point l'individu humain à l'état d'action, de relation avec ses semblables, procédant des combinaisons particulières résultant de cette action et de ces relations, comme l'enfant est l'individu humain procédant d'un père et d'une mère de même nature que lui?

La Genèse ne nous montre point à l'origine une société. Elle nous révèle un homme et une femme. La femme elle-même sort de l'homme. La société, l'humanité sortent de ce couple. Aussi bien l'individu peut-il représenter la cellule, le protoplasma de la société humaine, et l'on voit tout de suite quelle importance prennent dans ces études, la question de la race et celle du développement individuel.

Les sciences expérimentales sont plus que jamais à la recherche de cette inconnue : le germe, la cellule, l'élément initial simple et irréductible de la vie. Elles le découvriront sans doute et une lumière nouvelle se fera sur tant de points obscurs de l'origine et de la destinée de l'homme. Ici, nous avons cet avantage de pouvoir considérer l'individu humain comme la cellule de la société humaine. Tant vaudra la cellule au point de vue de la vitalité, de la résistance à la mort, tant vaudra la société. La race, qu'explique peut-être la diversité de ces cellules, de ces protoplasma sociaux, accusera les caractères moraux distinctifs. La religion, un certain nombre encore très réduit d'idées et de sentiments communs compléteront les éléments différentiels. Voilà l'individu humain : l'Aryen différent du Sémite, l'Indou différent de l'Hébreu, le Germain de l'Arabe, chaque race donnant lieu à des types, à des civilisations divers. La guerre, le commerce, les rapprochent, les mêlent. La science, la philologie, l'histoire, les retrouvent et les distinguent.

Un philosophe allemand disait que l'existence, de nos jours, d'un seul Juif, était un plus grand miracle que tous les miracles de l'Ancien Testament et du Nouveau. Voici, en effet, un tout petit peuple qui a survécu à toutes les persécutions et qui se retrouve aujourd'hui avec les caractères complets de la race. Sans doute, il y a bien d'autres causes à ce fait digne de remarque que la puissance de l'élément initial. Comment expliquer cependant la conservation à travers les siècles, et la reproduction, à travers les milieux supérieurs de la civilisation moderne, des caractères essentiels de l'individu juif, de la race juive?

C'est un fait connu que l'homme a le privilège de ne reproduire que l'homme. Les autres espèces s'engendrent pour ainsi dire l'une l'autre. L'homme dans sa majesté d'être pensant, dans sa participation à la nature divine, demeure et demeurera sans doute l'éternelle condamnation du darwinisme ou plutôt de la théorie d'évolution qui est l'exagération d'une doctrine vraie.

Car à supposer même que les intermédiaires entre le singe et l'homme soient jamais découverts et qu'il puisse être établi, expérimentalement, que des individus d'une même espèce donnent naissance à des individus d'une espèce différente, qu'aurait-on prouvé par là si ce n'est la nécessité d'un être supérieur à l'homme et de degré en degré toujours plus intelligent et plus puissant?

Le monde minéral est superposé au monde purement chimique ou atomique; le monde végétal est superposé au monde minéral, le monde animal superposé au monde végétal.

Mais, bien que superposés, ils coexistent et vraisemblablement ils ont toujours coexisté.

Les conclusions actuelles de la paléontologie peuvent être retournées. Si, en effet, comme cela est aujourd'hui établi, la vie s'est manifestée bien avant que le refroidissement du globe terrestre l'eût rendu habitable, pourquoi ne pas admettre cette manifestation de la vie sous sa forme complète, c'est-à-dire avec l'ensemble cosmique que nous constatons aujourd'hui? Pourquoi imaginer un milieu atomique, puis chimique, puis minéral, lequel se complète, devient végétal et enfin animal, laissant à la pensée le droit de continuer cette évolution par l'hypothèse d'un monde supra-humain, continuant l'évolution de la vie? Aucun fait n'y contredit.

On admet bien l'existence, en puissance, de tous les éléments du milieu cosmique actuel et de la vie organique des animaux supérieurs jusqu'à l'homme. Quelle distinction fait-on donc entre l'existence en puissance et l'existence en acte, dans la théorie de l'évolution? Il me semble qu'au point de vue évolutionniste, ce qui existe en puissance doit nécessairement être considéré comme existant en acte, puisque l'évolution conduit fatalement de la puissance à l'acte.

Et comment établir que l'humanité préhistorique ait pu se passer de la coexistence du monde minéral ou même végétal?

L'existence d'un âge de pierre et d'une humanité préhistorique détruit l'hypothèse évolutionniste en tant que l'homme représenterait un agrégat supérieur, mais intermédiaire lui-même, des éléments de la vie universelle.

Que la nature se soit élevée, pour ainsi dire, à un plan supérieur, que la culture que l'homme y a ajoutée l'ait porté à un degré encore plus élevé de développement progressif : il n'y a pas de doute à cela. L'humanité elle-même suit un mouvement parallèle ou plutôt elle suit le même mouvement confondant sa vie avec la vie de tous les autres êtres, mais conservant sur eux cet avantage unique si bien exprimé par Pascal dans cette pensée célèbre : « L'homme n'est qu'un roseau, le plus faible de la nature.,.. Mais quand l'Univers l'écraserait l'homme serait encore plus noble que ce qui le tue parce qu'il sait qu'il meurt et l'avantage que l'Univers a sur lui, l'Univers n'en sait rien. »

Mais cette ascension inconsciente et consciente qui emporte le monde vers des destinées supérieures n'est point évolution. Elle peut s'appeler développement, progrès, perfectibilité, et cela suffit bien. La vérité n'est pas dans les systèmes. Les systèmes sont des hypothèses ou des théories plus ou moins ingénieuses qui servent d'appui à la science mais qui ne sont pas la science.

La vérité est dans l'adaptation de l'esprit au plan de la nature, à tout ce qui est. Les systèmes ne s'adaptent qu'à un petit coin du monde. S'il n'est pas permis de dire que la vérité est partout, il n'est pas non plus permis de dire qu'elle soit quelque part plutôt qu'ailleurs. Ce sont les éléments de la vérité qui sont partout et l'obscurité de nos esprits tient précisément à ceci : qu'il y a partout des effets dont les causes nous échappent. Nous ne sommes assurés de la vérité que là où nous pouvons saisir la cause et composer une série comprenant les effets et leur cause.

Jusqu'ici ni évolutionnistes, ni matérialistes, ni positivistes, n'ont pu pénétrer les causes de la vie et de la mort, déterminer l'esprit ou la matière, expliquer la conscience. Mais il est constant que l'entre-croisement des races humaines en altère la pureté et finit par effacer les caractères distinctifs essentiels. Certains peuples ne doivent peut-être leur asservissement ou leur disparition qu'à une cause semblable. Il est établi d'autre part, que les mariages répétés entre individus d'une même famille en amènent la destruction. Il y a donc des germes, des races, dont l'énergie vitale est très différente. C'est un élément dont il faut tenir compte. Car on en retrouve constamment les effets, bien qu'on ne sache pas toujours les distinguer. Par exemple, c'est vainement qu'on tenterait d'apporter les secours de l'art à un malade dégénéré. Le germe est inférieur, sans énergie vitale suffisante, l'individu est destiné à disparaître.

Souvent des guérisons qui étonnent ne tiennent qu'à un germe puissant, à une souche robuste. Pourquoi la race noire, en général, tombe-t-elle si facilement en servitude? Pourquoi cette poignée de puritains inspirés par Cromwell soumet-elle si rapidement presque toutes les peuplades de l'Amérique? Et pourquoi l'extermination des Peaux-Rouges, Sioux, Apaches..., offre-t-elle, encore aujourd'hui une résistance sérieuse? N'est-ce point que l'énergie vitale de ces races est essentiellement différente? Ne peut-on voir là un effet de ce germe initial qui donne l'être à l'homme et à la société?

On sait que la France est un mélange de plusieurs races. Ce mélange s'est fait dans les proportions les plus heureuses; car le peuple qu'il a produit est vif, spirituel, aimable, bon et juste. Il n'eût pas été impossible qu'une plus forte proportion de Celte ou de Germain n'eût gâté ce mélange. Ne dépendons-nous point, en fin de compte, de l'inconnu divin? Nous cherchons la vérité, nous dissertons. Rien ne nous permet de dire dans quel ordre ni dans quelle proportion il nous faudrait associer les races pour produire un peuple supérieur, bien que la philologie et l'ethnologie commencent à nous éclairer.

II

Quel que soit le germe, l'origine d'une société, il est des conditions d'existence qui sont communes à toutes les sociétés : la soumission à un ou plusieurs chefs, une certaine hiérarchie, certains travaux de nécessité et d'utilité générales, une organisation quelconque de défense et de justice. Ces conditions se compliquent à mesure que la société s'élève. Elles n'en sont pas moins nécessaires à toutes. Elles dépendent aussi de la qualité, de la valeur de ce germe dont nous parlions tout à l'heure, de cette cellule sociale pour ainsi dire où la race trouve son origine, son empreinte et sa vitalité. Voyez la distance qui sépare les sociétés formées par la race blanche des sociétés formées par la race jaune ou la race noire. Comparez la société grecque ou romaine à la société indoue ou mongole. Quelles différences distinguent aujourd'hui un Anglo-Saxon, par exemple, d'un Chinois, d'un Cafre, ou même d'un Arabe?

Chaque société procède d'une cellule différente dont le développement constitue pour elle un milieu intra-organique qui lui est propre. Ce milieu intra-organique est plus ou moins complexe, plus ou moins savant selon le degré de civilisation que comporte chaque grand individu humain ou race. C'est l'objet même de l'anthropologie, de l'ethnographie et de l'histoire de déterminer les conditions particulières de chacun de ces milieux et de rechercher leurs principes. Nous devons nous borner à la simple observation du phénomène. Il y a des races disparues ayant emporté avec elles les sociétés qui les représentaient. Elles ont vécu tant que le milieu intra-organique qui leur était propre se trouvait en harmonie avec les conditions générales d'existence de ces sociétés dans le temps où elles florissaient. Elles ont été détruites dès que cet accord a été rompu.

La Grèce est envahie par Rome. Sans doute la division était dans les esprits, la corruption dans les mœurs. Sparte, Athènes, se déchiraient et la puissance romaine semblait sans obstacle. Est-ce que la Grèce, toutefois, aurait péri, si l'élément grec avait présenté à cette époque une vitalité et une résistance suffisantes ?

A son tour Rome est envahie par les Barbares et elle disparaît, comme Athènes et Sparte avaient disparu, comme avait disparu l'empire d'Alexandre et, à l'apparence, par des causes généralement semblables : conquêtes trop étendues et mal assurées, divisions intestines, destruction de tout esprit d'ordre et de discipline, lois trop particulières et trop nombreuses, relâchement des mœurs, confusion des idées et des doctrines, etc. On cite Montesquieu,

Tocqueville et tous les penseurs illustres qui ont éclairé ce grand sujet de l'origine et du développement des sociétés humaines, de l'élévation et de la chute des empires. On oublie de rechercher les causes initiales, intra-organiques, pour ainsi dire, qui chez les sociétés autant que chez les individus rendent la destruction inévitable.

C'est un principe établi aujourd'hui que rien dans la nature ne meurt absolument, que rien ne se perd, ni en matière, ni en force. Là où nous voyons la mort, la science ne reconnaît qu'une dissociation sur un point déterminé de l'espace et dans un moment donné du temps, des éléments constitutifs de l'individu. Une nouvelle association des mêmes éléments anciens ou renouvelés se forme sur un autre point de l'espace et du temps et voilà un autre individu constitué.

Les éléments anciens servent à la reconstitution des éléments nouveaux sur tout l'échelonnement des êtres.

Chacun de nous représente des milliards de milliards de petits individus organiquement groupés, dont l'association a une durée limitée, et ces petits individus se retrouvent dans toutes les espèces vivantes, dans la nature minérale aussi bien que dans la nature animale, sauf les lois de groupement et de fonctionnement propres à chaque ordre, à chaque genre et à chaque espèce.

La loi des sociétés est sans doute aussi de ne tenir

associés que pour un temps les éléments innombrables et divers qui les constituent. Ce temps est sans comparaison possible avec le temps accordé à l'individu humain. Là on compte par siècles et ici par années. Mais de même l'individu procédant d'une race forte est destiné à une vie prolongée, de même les sociétés. Et cela est si vrai que les sociétés, peu nombreuses d'ailleurs, qui ont disparu tout à fait avaient certainement été constituées par des races inférieures : Tasmaniens, Fuégiens, Aïnos, s'éteignant actuellement au Japon, etc.

C'est en Afrique que l'on retrouve le plus de vestiges de races d'hommes entièrement disparues ou dont, tout au moins, on ne retrouve ou ne reconnaît plus d'individus.

Il en est bien autrement encore dans les espèces animales autres que l'homme. Sans parler des temps pré-historiques, de la disparition des ichthyosaures, des mégalosaures, du mammouth, du mégathérium, du mastodonte, du paléothérium et selon Agassiz de vingt-cinq mille espèces de poissons ; le thur, le dronte, n'existent plus. Le nombre des espèces va, sans cesse, en diminuant. Les espèces inférieures disparaissent les premières et cette disparition semble se faire au profit de l'homme et des espèces supérieures qu'il utilise. Il y a plus d'hommes sur la terre qu'il y a mille ans et le nombre s'en accroît sans cesse. Mais il y a, dans ce nombre, des déplacements de centre et de milieu; et l'on peut concevoir que certaines races, et par suite certaines nationalités qui ne sont que des formes à tendance essentiellement variable de l'espèce humaine, se détruisent entre elles et se substituent les unes aux autres.

Les sociétés formées par la race caucasique, indo-européenne ont, malgré toutes les traverses de l'histoire, laissé des éléments dispersés qui tendent aujourd'hui à de nouveaux groupements et qui pourront reproduire jusqu'à un certain degré, et sauf les conditions nouvelles de milieu, les types des sociétés anciennes disparues.

Ainsi les sociétés procédant d'un germe puissant, d'une race supérieure disparaissent, selon la loi générale, mais non sans laisser des éléments capables de reconstituer à un moment déterminé du temps, des sociétés semblables à elles. Il y a là comme une sorte d'atavisme qui permet de retrouver, après de longs mélanges et de nombreuses altérations, les types des sociétés anciennes.

Considérez la supériorité de l'hellénisme sur les Perses, les Syriens, les Osmanlis et même sur ce qui peut rester du monde latin au VIIe et au VIIIe siècles? Et les merveilleux efforts du petit peuple grec contemporain pour reconstituer sa nationalité et son empire?

Cette supériorité, cette faculté de résistance et

de survie ne tient pas uniquement à un germe plus puissant, à un milieu intra-organique plus complexe; elle tient aussi aux éléments particuliers du milieu pour ainsi dire extra-organique dans lequel la race est née et s'est développée.

Ici le point de vue d'observation s'étend et se complète. Nous ne sommes plus exclusivement en présence d'un germe, d'un individu d'un milieu intérieur déterminé; nous sommes en présence d'un individu se développant dans un milieu extra-organique ou extérieur, également déterminé, en dehors duquel la vie est aussi impossible qu'elle est impossible sans les éléments constitutifs du milieu intra-organique même.

Un être quelconque ne peut vivre et se développer que dans le milieu qui lui est propre. C'est là qu'il trouve les éléments de la nutrition, cette génération sans cesse renouvelée, ceux de sa croissance, de son perfectionnement, de sa reproduction. Le défaut d'une seule condition suffit pour que la vie soit suspendue ou détruite.

Les conditions extérieures d'air, de chaleur, de lumière, ne peuvent être séparées.

Une atmosphère dépourvue d'oxygène, par exemple, ne saurait entretenir la vie.

Chez certains êtres inférieurs la suppression d'une simple condition d'humidité, fait tomber la vie à l'état latent. Spallanzani a pu faire réapparaître la vie chez des anguillules du blé niellé desséchées depuis près de trente années.

Nous distinguons donc : le germe, cellule, protoplasma, individu initial ou race, le milieu intra-organique ou ensemble des éléments constitutifs propres à l'individu par le moyen duquel il est dans le rapport d'échange et d'emprunt convenables pour la vie avec le milieu extra-organique, avec les forces générales de la nature et sous les lois d'existence qui sont imposées à tous les êtres. Alors apparaît le rapport merveilleux que nous retrouvons partout entre le physique et le moral. Ce milieu intérieur sera pour une société comme son liquide propre, comme son sang et ses organes, son gouvernement, sa force armée, sa justice, sa police, son clergé, son administration, son industrie, ses arts, sa richesse. Le milieu extérieur ou extra-organique sera le sol où elle s'est établie, la position géographique, le climat, l'état de guerre ou de paix, ses mœurs, ses relations avec les autres sociétés, son commerce dans le sens le plus générique du mot, son action politique.

L'histoire des peuples n'est que la suite des effets d'équilibre ou de désordre, dans les sociétés, de ces éléments divers.

On peut se demander si Tyr, Carthage, les Phéniciens n'étaient pas placés pour monopoliser un moment le commerce du monde, comme firent plus tard les Vénitiens, les Lombards et la Ligue hanséatique. Est-ce que la seule position insulaire de l'Angleterre n'explique pas sa marine, ses colonies, son immense commerce, sa politique même ?

Prenez pour exemple l'élément germanique ou l'élément anglo-saxon. La race est solide, puissante, représentée par des hommes qui sont des modèles de force et d'activité. La société est constituée lentement, savamment. Le milieu intérieur est complexe, plutôt embarrassé que simple. Ses organes sont trop nombreux ou trop développés, en Allemagne surtout où les Germains établissent la féodalité la plus savante et la plus pesante. En Angleterre des organes plus simples, des droits plus nombreux, une constitution non écrite que les mœurs de la liberté mettent en pratique constante, le besoin de se répandre au delà des mers pour grandir et s'enrichir, développent, grâce à un milieu extérieur ou cosmique approprié, à un sol gras et riche seulement en pâturages, à un climat humide, une société puissante qui promptement devient un modèle pour d'autres peuples. Race, organisme constitutif, milieu extérieur forment une unité qu'il est facile de reconnaître. Cette unité se retrouve pour toutes les sociétés, mais il est vrai plus altérée selon qu'elles ont été plus ou moins victimes de conquêtes, de mélanges de races ou de nationalités. Elle proclame la grandeur de l'œuvre divine en mettant la science d'accord avec une raison supérieure qui n'a pas permis que la race noire s'établît en Europe, que la race blanche fût reléguée en Afrique, que les plus faibles et les moins éclairés gouvernassent les plus forts et les plus savants. Partout la supériorité s'explique et se justifie par des raisons naturelles. Ce qui ne paraît pas naturel est ce qu'on ignore.

A mesure que l'homme grandit, la part de l'intelligence s'accroît en lui. Il n'est tout à fait fort qu'alors que sa raison le domine seule; et il n'y a pas d'autre force que la raison.

Avoir plus de raison, c'est avoir plus de science. Aussi verrons-nous la science, l'éducation, l'instruction mettre encore plus de distance entre les sociétés humaines et dans chaque société entre les jugements et les sentiments de chacun, que le climat, les conquêtes ou la fortune.

Savoir c'est saisir tous les rapports qui existent entre les choses. Dieu est sans doute seul capable d'une vue aussi absolue. Le sage est celui qui en approche le plus et qui ajoute à ses connaissances celles d'un nombre toujours plus grand de rapports entre les choses.

Les facultés sont naturelles et les talents sont acquis. Mais quelle force ne donne point la science? Quelle supériorité véritable s'en peut passer? Et quels jugements différents porteront le savant et l'ignorant? Les plus grands troubles sociaux ne résultent-ils point parfois d'ignorance et par conséquent de faux jugements ?

Dans une matière aussi générale et aussi complexe, la source la plus fréquente de l'erreur est l'insuffisance des connaissances, la possession d'un nombre trop limité de rapports entre les choses et la négligence de certains éléments essentiels à la formation des jugements, lesquels doivent être pour ainsi dire adéquats aux choses elles-mêmes.

On étudie la médecine, le droit, la chimie, et ces diverses études conduisent à autant de professions. Personne ne s'avise de parler médecine sans être médecin ou chimie sans être chimiste, tandis que tout le monde raisonne des choses de la morale, de la société, de la politique, sans être ni moraliste, ni philosophe, ni homme d'État. Aristote définissait la philosophie : « la science des sciences ». Elle ne devrait pas être autre chose. Mais les sciences physiques et naturelles étaient incomparablement moins avancées au temps d'Aristote que de notre temps. De là vient pour le philosophe la difficulté d'embrasser tant de connaissances diverses auxquelles chaque heure apporte quelque nouvelle observation ou découverte. Plus cette tâche est ardue, plus elle s'impose, et le philosophe est tenu de suivre toutes les sciences dans leur développement.

La part de la science dans le monde, c'est presque le monde même. Que le monde possède une réalité objective, positive, ou qu'il ne soit qu'une vue de l'esprit, comme il ne saurait être conçu sans être expliqué et que c'est la science qui tente cette explication, c'est la science qui, sans doute, donne au monde le peu de réalité que nous voyons.

LIVRE II

CAUSES GÉNÉRALES DE LA DIVERSITÉ DES OPINIONS ET DES SENTIMENTS MORAUX PARMI LES HOMMES ET LES DIFFÉRENTES CLASSES SOCIALES.

CHAPITRE PREMIER

INÉGALITÉ NATURELLE. — FORMES DE L'ÊTRE SOCIAL

I

Ce qui frappe tout d'abord dans cette étude c'est l'inégalité naturelle qui existe entre les hommes.

Cette inégalité éclate dans toutes les parties de la société. Elle se rencontre entre tous les individus d'une même classe. Enfin elle se manifeste dans tous les sens.

Bien avant d'avoir inspiré à J.-J. Rousseau son

Discours sur l'inégalité, ce grand fait, si général qu'il parait d'ordre naturel et nécessaire, avait frappé tous les penseurs, depuis Platon jusqu'à Montesquieu. Jean Bodin, recherchant les causes des révolutions, paraphrase à peu près Aristote, disant : « Inférieur, on s'insurge pour obtenir l'égalité. L'égalité une fois obtenue, on s'insurge pour dominer. » (*Politique d'Aristote,* livre III.) Tous ceux qui ont écrit sur le gouvernement des hommes reconnaissent ce désir d'égalité venant se briser contre le fait naturel de l'inégalité. Il en faut tenir grand compte, car il semble immanent dans l'humanité, et l'histoire de tous les peuples n'est, à certains points de vue, que l'attestation selon les temps de cet antagonisme, et le triomphe à travers les fortunes les plus diverses, d'un principe moral supérieur : l'égalité civile.

Ce principe est à lui seul la preuve la plus éclatante de cette inégalité naturelle. Le désespoir généreux qui tourmentait les grandes âmes si humaines de la Révolution devant leur impuissance à effacer cette inégalité, montre aussi qu'elle peut être corrigée plutôt que réduite.

La proclamation de l'égalité civile a été et se trouve être tout le correctif que la Révolution a pu apporter à l'inégalité naturelle. L'égalité de tous les citoyens devant la loi, leur droit à une égale protection, leur obligation à une égale obéissance est toute la justice que les hommes ont pu rendre aux hommes. L'œuvre de la nature subsiste, et l'inégalité, que ni l'éducation, ni la fortune ne sauraient détruire entièrement, continue de se manifester et de compliquer les problèmes sociaux.

De l'inégalité résulte la guerre, qui est également un fait général et semble immanent, malgré tous les progrès de la raison commune. La guerre, ce dernier recours de la force combattant pour le triomphe de la justice; la guerre, qui ne devrait pas être autre chose que le suprême instrument du droit, nous la trouvons à l'origine des sociétés; nous la retrouvons chez tous les peuples. Les hommes ne semblent pas avoir à leur portée d'autre moyen d'organisation politique. Ni le langage, ni la raison, ni les mœurs ne permettent le consentement mutuel. Combien de siècles s'écoulent avant l'apparition d'une première réunion d'hommes délibérant sur leurs affaires et montrant le désir d'éviter de recourir à la force?

Les affinités naturelles que créent la race, le climat, décident seules des rencontres, des groupements. Aussitôt les hommes se disputent le sol. Ils défendent celui qu'ils occupent et conquièrent celui qui est proche. L'idée de possession précède l'idée de propriété. La conquête consacre la possession et la force qui la maintient semble créer le droit. La propriété cherche ses garanties dans l'organisation sociale; chartes, constitutions, lois apparaissent alors et le monde humain agissant et pensant commence.

C'est là qu'il est intéressant de le surprendre dans cet embryon social.

II

Les formes, les types, subsistent seuls et semblent à peine modifiables à travers les siècles. Les individus seuls disparaissent. Les espèces, les races forment des cadres tout tracés où les individus viennent se modeler et se grouper naturellement.

Semblablement, dans les sociétés, les classes qui distinguent les citoyens semblent des cadres plus ou moins souples où chaque individu prend sa place selon sa naissance et ses facultés.

De là des distinctions pour ainsi dire d'ordre naturel.

Les classes sociales se retrouvent dans toutes les sociétés humaines avec une sorte de fixité comparable à la fixité des espèces dans la nature. Partout : en Palestine, dans l'Inde, en Egypte, en Grèce, à Rome, chez les Barbares, il y a une classe sacerdotale, une classe conquérante ou militaire, une classe de travailleurs ou d'esclaves.

Dès que les cités se forment, la bourgeoisie apparaît. Le même esprit qui fonde et soutient les républiques italiennes, anime et soulève les communes de France du xe et du xiie siècles.

A peine constituées, la classe sacerdotale et la classe militaire ou gouvernante entrent en lutte ouverte. De l'Orient à l'Occident le phénomène est le même. Il dure encore et semble être un mal endémique dans les sociétés humaines.

De même les classes esclaves tendent à s'affranchir, les classes laborieuses à s'enrichir, les classes ouvrières à se bourgeoiser, pour ainsi dire, et à saisir le pouvoir; les classes aristocratiques tendent au privilège et au despotisme. Et, cependant, de toutes ces forces contraires, qui agissent en sens opposé, naît une sorte de balancement et d'équilibre qui se trouve être l'état social dont jouissent les hommes à peu près également par toute la terre.

La vie organique n'est entretenue que par un renouvellement constant de substance. Les agrégats d'innombrables petits individus qui composent un corps vivant meurent et renaissent jusqu'à la destruction du corps.

C'est un fleuve qui coule, chaque partie succédant à la précédente et venant, à son tour, toucher la rive qui l'emprisonne.

Nous passons sans doute aussi à travers la forme visible de l'univers. Nous faisons sa vie et sa durée et il ne reste de nous rien de plus que de la goutte d'eau, qui après avoir formé les fleuves, va se perdre dans l'infini des océans.

La forme seule subsiste. Les rives du Rhin ou de la Néva ne sont pas plus sensiblement modifiées depuis que coulent ces grands fleuves que ne sont modifiés depuis qu'il y a des Allemands et des Russes le type germain ou slave.

La science découvre entre les choses des rapports de plus en plus simples. La géologie, l'ethnographie, l'histoire, la morale même se juxtaposent et se vérifient.

Les classes sociales, les différentes parties de la société semblent des formes aussi irréductibles et indestructibles que les formes de la race ou de l'espèce.

C'est l'individu qui est modifiable et périssable. La civilisation, égalisation ou progrès, se fait par le rapprochement des individus et non par celui des classes. Un plus grand nombre de rapports se forment entre le juge et le justiciable, entre le chef et les soldats, entre le prêtre et ses ouailles, entre le patron et l'ouvrier; ils se rapprochent, mais sans se confondre jamais. Il y a moins de distance entre les échelons. Mais l'échelonnement est éternel et infini.

CHAPITRE II

DES DIFFÉRENTES PARTIES DE LA SOCIÉTÉ. — FORMATION. — ÉLÉMENTS CONSTITUTIFS ET ORGANES. — ANTAGONISMES IRRÉDUCTIBLES. — HÉRÉDITÉ. — DÉVELOPPEMENT PROGRESSIF. — CLASSEMENT HISTORIQUE.

I

Il faut rechercher les causes générales de la diversité des opinions et des sentiments moraux des différentes parties de la société dans sa constitution, dans son développement historique. Il faut rappeler, car l'œuvre a été déjà faite, comment se sont constituées les différentes partie de la société. On verra dans ces origines et ce développement, les causes générales de séparation et de diversité.

On recherchera ensuite les causes particulières

plus nombreuses, moins spécifiques peut-être, mais auxquelles le degré de civilisation donne une importance progressive. Quelque subtile que soit l'apparence de ces causes secondes, elles tiendront une place importante dans cet ouvrage, car ce sont les seules qui n'aient point encore été étudiées et considérées par rapport à l'objet particulier qui nous occupe.

II

Il n'y a point de société en Europe qui soit le produit d'une race unique. Nous devons donc tenir compte des caractères de chacune des races qui composent notre société, si nous voulons assurer quelque précision à nos recherches.

Ces races diverses ont apporté sur le sol devenu le sol national, des caractères, des facultés, des idées propres, et, en même temps un classement tout fait, une hiérarchie toute établie entre les groupes et les personnes.

César nous apprend l'état des Gaulois et Tacite celui des Germains. La science moderne recherche aujourd'hui l'état des Ligures, des Kymris, des Celtes, des Ilères, etc... Quelle société formaient ces races? Il serait nécessaire de l'apprendre aussi exactement que possible pour dire ce que notre société actuelle a pu conserver de ces caractères et de ces formes des races passées.

L'influence de la conquête romaine éclate dans nos institutions politiques, administratives et judiciaires. Elle éclate aussi dans nos institutions et dans nos lois civiles. L'influence gauloise ou cimmérienne est moins sensible, et ainsi de degré en degré en descendant à l'élément celtique ou protoceltique, par exemple : car il y a d'autres éléments, et nous pourrions rechercher l'influence de l'élément sémitique qui vient s'ajouter aux autres et qui, sans doute est plus faible encore, si ce n'est dans l'ancienne Ibérie.

Il y a moins d'un demi-siècle, on croyait encore que les Gaulois avaient seuls occupé l'étendue du territoire qui est devenu la France. L'ethnologie a déterniné la préexistence d'une race brune, celtique, les Ligures, qui a précédé les Gaulois et dont on retrouve, ou dont on croit retrouver encore les traces en Provence, en Auvergne, en Vendée, et au centre de la France.

Quelle race retrouvons-nous sous les Ligures, entre les Troglodytes et les races de l'âge de la pierre polie et eux? Et quelle influence attribuerons-nous aux Ligures, quelle part auront-ils dans les caractères contemporains ?

Nous pouvons retrouver les caractères de la famille française, nous n'osons pas dire de la race française : car ce serait une race toute idéologale, produit de mélanges infinis et ne se distinguant que par des signes intellectuels et moraux; nous pouvons retrouver ces caractères dans certains traits particuliers aux Gaulois, aux Latins et aux Germains.

Ainsi les Gaulois se montrent légers, insouciants, faciles. Ils font l'étonnement des Romains. Tite-Live constate qu'ils jettent leurs armes avant de combattre, poussant la bravoure jusqu'à la témérité et à l'orgueil. Leur caractère est aventureux et mobile. Ils manquent de prévoyance et de persévérance. Ils se montrent impatients et turbulents. Le « tumultus gallicus » fait trembler les Romains.

Une tendance à agiter le monde et à s'en faire redouter rappelle ce caractère.

La sociabilité des Latins, la souplesse de leur raison, leur goût pour l'éloquence, propre aussi aux Gaulois, n'ont point été des éléments perdus, non plus que le respect des Germains pour la royauté et pour les femmes, leur crédulité, leur amour de la famille, leur discipline.

Tacite est émerveillé de leur chasteté. Il admire que « seuls entre les Barbares » ils se contentent d'une seule femme, hormis un très petit nombre de grands qui en prennent plusieurs, non par esprit de débauche « mais parce que plusieurs familles ambitionnent leur alliance ».

Il serait intéressant, à cette occasion, de rechercher la part de l'influence germanique dans la propagation de la monogamie et, en général, la part des Germains dans les mœurs de l'Europe occidentale.

Nous ne savons pas non plus quels regrets nous doit laisser l'écrasement des Gaulois. Arioviste et Vercingétorix sont des figures de la taille de César. Nous ne savons pas ce que coûte au monde l'écrasement des Juifs, celui des Grecs. Il est des historiens qui gémissent sur la destruction de Carthage. Certaines races n'ont pas eu le temps de se développer et d'étendre sur le genre humain le sédiment de leurs vertus.

Pouvons-nous dire quel cours eût pris l'esprit public et la civilisation si tant d'œuvres précieuses n'avaient été détruites et tant de livres brûlés ? Si les trésors de la bibliothèque d'Alexandrie ou ceux de la bibliothèque du calife Hakem II, au xe siècle, avaient été conservés à la curiosité des penseurs pour l'enseignement du monde?

L'humanité se trouve ainsi constituée à l'état de couche terrestre à laquelle manquerait le terrain tertiaire ou quaternaire avec ses divers sédiments.

III

Nous devons nous demander maintenant, s'il reste quelque chose de l'organisme social, du patriciat, ou du principat des races primitives.

Les recherches de l'érudition la plus byzantine ne parviendraient pas à établir le lien des formes élémentaires, de l'organisme simple des races dont nous avons parlé avec les formes suivantes et compliquées des sociétés contemporaines.

C'est un lieu commun, que les premières sociétés d'hommes se sont constituées sous la forme de principats ou de patriciats très divers dans leur structure propre, mais résultant partout de la nécessité d'un ou de plusieurs chefs.

Aussi bien les arts simples, rudimentaires, ont-ils été exercés par la partie paisible et par conséquent la plus avancée en âge de la société dans un temps où le besoin de défense ou la fureur des conquêtes armait tous les bras. L'âge primitif est l'âge guerrier. A mesure que les sociétés vieillissent, elle se portent aux travaux de la paix et désarment progressivement.

Cette progression est une loi de civilisation qui n'emprunte rien à la transmission des caractères d'une race à l'autre. Bien qu'il soit difficile d'admettre que les races n'exercent aucun rayonnement les unes sur les autres, M. de Gobineau[1] affirme, à propos de la conquête romaine en Gaule, que les races ne se communiquent pas leurs civilisations.

M. Renan, tout en reconnaissant dans la philoso-

[1] Comte de Gobineau : *Trois ans en Asie.*

phie arabe un fait considérable de l'esprit humain et sans nier l'importance de cette civilisation musulmane, qui, en Espagne particulièrement, lutta pendant près de huit siècles avec la civilisation chrétienne, se montre porté à la même négation. « Je suis, dit-il, le premier à reconnaître que nous n'avons rien ou presque rien à apprendre ni d'Averroès, ni des Arabes, ni du Moyen Age [1]. » — Pour lui aussi, la science du passé n'a que l'intérêt historique de l'évolution de la pensée et les races ne sont que les anneaux d'une chaîne qui se développe sans autres points de contact entre eux que celui qui les relie dans la succession inévitable du temps.

M. Fustel de Coulanges (*l'Invasion germanique au Ve siècle. — Le Système Féodal. — Les Institutions...*) montre au contraire la subordination des Germains à la civilisation romaine et l'expansion des institutions de Rome au Moyen Age.

La vérité est que le fruit des invasions et du mélange des peuples a été la féodalité telle que nous la trouvons constituée au centre et à l'ouest de l'Europe depuis le ve siècle jusqu'à la Renaissance et la Réforme qui, d'ailleurs, commencent bien avant le xve et le xvie siècle.

L'écueil, en une telle matière, où les documents abondent, où les travaux d'Augustin Thierry et de Guizot se complètent chaque jour par ceux de

[1] Ernest Renan : *Averroès et l'averroïsme.*

M. Fustel de Coulanges, de M. Picot, etc..., est de tomber dans une sorte de commentaire qui n'ajouterait rien à l'état actuel des connaissances historiques et ethnologiques.

Malgré tant d'études, de monographies, de mémoires, malgré tant de travaux historiques considérables, l'apparition de sciences nouvelles telles que l'anthropologie, l'ethnographie et l'ethnologie, la philologie, la démographie, la statistique, qui viennent renouveler le fonds ancien des connaissances acquises, augmenter le nombre des points de vue et des faits, refouler les systèmes, transformer les solutions; ajourne nécessairement toute synthèse.

Sans doute, l'œuvre de ce temps se trouve tout entière dans l'exhumation des titres et l'amoncellement des matériaux, et l'érudition micrographique qui nous perd dans les infiniment petits de la science totale semble une nécessité du moment. Cette tendance, contre laquelle il serait utile de réagir, énerve les penseurs, rend toute co-ordination impossible, détruit toute idée générale, toute doctrine, toute philosophie, tout lien commun entre les esprits et jette finalement les nations dans une confusion mortelle. Et nous nous trouvons pris d'une sorte de découragement à la pensée que la plus précieuse découverte, que la moins incomplète de nos œuvres sera dépassée avant vingt ans. Seule la conscience que nous concourons à une fin supérieure, nous encourage et nous console de passer à travers le devenir de la pensée universelle comme passent les êtres à travers la vie dans l'immensité de l'inconnu.

Nous devons donc à la bonne foi de reconnaître que l'influence précise des civilisations antérieures n'est pas, quant à présent, déterminable. Nous devons admettre que les Atlantes, les Aryans et tous les éléments blancs de la race caucasique paraissent suivre la loi de développement d'un même déterminisme. Nous tirons cette considération de l'observation de ce fait général que la civilisation occidentale, qui dépasse de beaucoup la civilisation actuelle de l'Orient et qui, par un retour des choses souvent remarqué, éclaire aujourd'hui les points du monde d'où elle avait d'abord reçu la lumière, que cette civilisation s'est, pour ainsi dire, constituée et cantonnée dans un petit nombre d'Etats, que le mouvement des peuples s'étant opéré de l'Est à l'Ouest, tend à s'inverser aujourd'hui de l'Ouest à l'Est, après avoir tourné sur lui-même autour d'un axe qui passerait par la Suède et l'Italie, en décrivant une circonférence qui confinerait à peine à la Russie.

Un même esprit, une même foi, un même principe de volonté et d'action semble se dégager du mouvement de ces races diverses, et les confondre de plus en plus dans des caractères moraux identiques qui diminuent l'importance des différences ethniques, et ne donnent plus à la connaissance des origines qu'un intérêt d'érudition.

Les résultats de la civilisation demeurent séparés de leur source de toute la distance qui distingue les Français des Ligures, des Ibères et des Cimmériens. Quelle trace du druidisme, par exemple, pouvons-nous retrouver dans le christianisme? La recherche des liens qui nous rattachent aux origines ne peut que confirmer l'harmonie de notre développement social avec la nature des choses.

Nous disions que le besoin de protection avait porté les peuples à se donner des chefs. L'inégalité, pareillement, créa des degrés dans les sociétés les plus primitives. Les castes nous apparaissent comme l'expression extrême de l'inégalité native. Il est clair que l'inégalité diminuant, tout en se montrant irréductible, a ramené les castes à un nombre moindre.

La société comprend-elle encore des castes ou un classement qui sous d'autres noms reproduirait les anciennes castes de l'Inde et de l'Egypte? Est-ce là une disposition organique que rien ne modifie?

Ici, intervient un élément nouveau : l'hérédité qui oppose aux améliorations successives la fixité que la nature met dans ses formes.

Il ne faut rien moins que la modification du milieu intra-organique même pour plier ces formes, et provoquer des associations et des dissociations nouvelles dont le déroulement étonne l'histoire.

Le nombre des castes a diminué dans l'Inde, et à travers toute l'Europe les groupements sont devenus plus denses et moins nombreux.

La féodalité, elle-même, malgré le vasselage et le servage, ne laisse subsister qu'un petit nombre de classes.

Les trois ordres qui figurent aux états généraux nous fournissent les grandes lignes du classement social. Il y a bien des sous-ordres dans le Tiers. Les corporations et les métiers forment une hiérarchie comparable à celle des deux autres ordres.

Un fait général me frappe, c'est que ces trois ordres résolvent parallèlement et de la même manière le grand problème de l'hérédité. Ils se recrutent et se perpétuent par leurs propres éléments. Le passage d'un ordre à l'autre est rare. Originairement, il est impossible. Le clergé et la noblesse font seuls quelques échanges. Il faut attendre le temps de la vénalité des offices pour voir le Tiers s'élever parfois à la noblesse.

Les fils succèdent aux pères dans tous les métiers, drapiers, bouchers, selliers, etc.

L'hérédité présente à l'origine un caractère de rigidité inflexible; les éléments qui doivent nécessairement la modifier dans tous les sens ne sont pas encore intervenus.

Plus tard, les métiers pourront, de loin en loin, fournir au recrutement des parlements.

Mais l'organisation sociale tout entière fait de l'hérédité temporelle et spirituelle, hérédité des titres, bénéfices, offices, métiers, aussi bien que des traditions, croyances, préjugés, opinions, sentiments moraux, une loi de continuité.

L'introduction même du régime représentatif ne fait que corriger ce principe d'hérédité sans le supprimer. Nous retrouvons non seulement l'hérédité dans la dynastie, mais dans les Chambres hautes. La pairie elle-même est héréditaire. Il ne faut rien moins que la Révolution de 1848 pour donner le coup de grâce au principe.

De là résulte manifestement un antagonisme essentiel entre les différentes parties de la société.

La distance qui sépare un simple artisan d'un gentilhomme du roi emprunte si parfaitement, dans la conscience de ce temps, les caractères d'une différence d'espèce, que cet antagonisme se montre originellement irréductible.

On reconnait très vite qu'une révolution violente pourra seule détruire ces formes artificielles imposées par l'homme à une société.

L'hérédité sera ramenée à son cercle d'action naturelle, c'est-à-dire à la famille. La suppression du droit d'aînesse sera le dernier coup porté au principe mystique ou de droit divin. La suppression s'étendra par une pente naturelle de l'ordre civil à l'ordre politique.

La société ne retiendra très sagement le principe d'hérédité qu'à l'égard de la succession des biens. Le partage égal entre les enfants fait du principe d'hérédité, réduit à ce domaine naturel, le lien puissant de la famille.

L'État y peut perdre la force qu'assure une succession ininterrompue de services qui donne aux affaires générales l'intérêt des affaires mêmes de la famille. Il y gagne la puissance bien supérieure des talents, la liberté de choisir ses serviteurs et l'appui de toutes les énergies affranchies.

Il est bien de succéder à son père autrement que dans ses biens. La succession, souvent obligée, dans les métiers et professions, donne certainement une force de continuité qui règle heureusement le développement social ; mais cette sorte d'hérédité ne doit sortir que du libre consentement des aptitudes dont on perdrait tout le bénéfice par une contrainte allant à l'encontre d'un des droits les plus sacrés de l'homme.

IV

A mesure que les organes sociaux, d'abord très simples, se compliquent et se multiplient, l'hérédité traditionnelle des fonctions vient apporter le poids de l'écrasement et un dernier germe d'antagonisme dans le corps social.

Partout, nous trouvons la trace d'une administration politique, d'un culte, d'une justice, d'un conseil de gouvernement, d'une force de police ou de conquête.

La nation entière est armée. Il n'y a point d'armée permanente, distincte de la nation. Romains, Gaulois, Germains, portent tous les armes, sauf les esclaves. C'est le contraire dans les sociétés modernes, où le service militaire est considéré comme un servage dont on s'exonère par de l'argent. Le système de la nation armée se retrouve en pleine civilisation et rapproche les âges extrêmes de l'humanité, armée d'abord pour la conquête et aujourd'hui pour la paix.

La guerre, état naturel de l'enfance des sociétés, apparaît comme une sorte de combat judiciaire entre les peuples.

La justice n'a point d'autre forme. Les tribunaux ecclésiastiques, la justice seigneuriale, les parlements, succèderont aux Grands Plaids où le jugement de Dieu aura longtemps mis le droit dans la victoire.

La constitution de l'Église romaine mettra l'esprit de hiérarchie dans la société civile, élèvera le culte jusqu'à la splendeur et lui donnera pour organe le corps le plus savamment édifié. Le clergé formera un troisième ordre.

L'administration locale, née du partage des terres et de la constitution de la propriété individuelle, s'organisera dans les villes, bailliages, sénéchaussées.

La propriété allodiale s'établit parmi les Barbares à la suite de la conquête romaine, comme un fruit naturel de la guerre. C'est le grand fait, la grande assise de l'ordre nouveau. Ici, apparaît le rapport de la guerre avec la constitution des sociétés par l'organisation de la propriété. Du butin, naissent les alleux. La propriété cesse d'être commune entre les Germains. Le sentiment de la personnalité se forme. Nous le retrouverons égoïste et étroit chez les seigneurs féodaux et leurs héritiers.

La propriété allodiale constitue la souveraineté. Le vasselage et la suzeraineté, nés des luttes entre les propriétaires d'alleux, s'échelonnent depuis les francs-tenanciers jusqu'au roi. De cette souveraineté, découlent les droits féodaux, hommage, redevance; c'est l'origine de l'impôt et le droit de rendre justice, droit presque surhumain et que les seigneurs féodaux concèdent à l'infini : si bien qu'en plusieurs lieux, il se rencontre quatre ou cinq degrés de juridiction qui font de la justice une tyrannie insupportable. Chacun de ces grands feudataires constitue sur sa terre un véritable État où se trouvent réunis et confondus, en une seule main, tous les pouvoirs.

A mesure que la royauté se dégagera du lien

féodal, lorsque Louis XI, et, plus tard, Richelieu, auront réduit à l'impuissance toute prétention seigneuriale, la souveraineté absolue se trouvera sans partage dans le roi.

Il résume tous les organes de la société. Le développement historique ne fera que lui reprendre un à un chacun de ces organes, qui, à mesure qu'ils seront dégagés, prendront assez de force pour réduire la royauté à n'être plus que l'expression du pouvoir.

Ainsi : dans l'ordre moral comme dans l'ordre physique, tous les éléments constitutifs de l'être sont préexistants. Ces éléments se déplacent et se combinent de manières différentes, se subordonnant, se juxtaposant. Il n'y a, à proprement parler, de progrès que le bien qui résulte de ces transformations successives.

Là aussi, comme dans le monde physique, rien ne se perd, et, pour insaisissables et impondérables que soient les éléments moraux, nous les retrouvons aussi sûrement que les atomes de la matière dans les combinaisons supérieures de la civilisation.

Mais ce qui frappe l'esprit et déconcerte tout sentiment de la personnalité humaine, c'est que ces milliers d'existences, c'est que tous ces éléments sociaux ne semblent vivre qu'en vue de constituer une vie sociale supérieure qui est la royauté. Le roi agit et jouit par tous ces centres de sensations et d'actions. Tout concourt à sa puissance et à son plaisir. Les milices périssent pour sa gloire et ses conquêtes; et tout son peuple meurt et renaît pour entretenir sur un seul point la vie la plus intense et la plus synthétique qui sortit jamais du sacrifice des autres.

Ce sentiment de la personnalité dont nous parlions ne sera l'œuvre que des temps modernes. Le partage des terres conquises l'a, un moment, provoqué chez les comtes, barons, seigneurs, possesseurs d'alleux.

Mais la féodalité est déjà réduite. La royauté s'est étendue sur toute la nation. Le roi est seul propriétaire du sol. Il en délègue la possession, la restreint, la retire, sans qu'aucune loi s'oppose à son action. Cent mille existences ne peuvent être mises en balance avec la sienne. Dieu même, se montrant au monde pour le gouverner avec toutes les forces humaines, ne pourrait point jouir d'une plus grande puissance.

V

Il faut voir maintenant quels autres obstacles s'opposaient au développement du sentiment de la personnalité, du droit individuel, de la justice, comment les différentes parties de la société, au lieu d'être portées à se rapprocher et à se lier, étaient tenues dans un état d'antagonisme croissant qui, violant la nature des choses et l'ordre de la justice qui veulent un certain rapprochement et balancement de toutes les forces, devait conduire inévitablement à une formidable explosion.

Nous avons vu apparaître le régime de la propriété, avec ses subordinations, sa vassalité, ses redevances, son instabilité, ses exactions, ses injustices, comme une cause d'antagonisme organique.

A cette cause viennent s'en ajouter d'autres : le régime du travail, le régime industriel et commercial, le régime des taxes, la séparation des trois ordres, la centralisation résultant de l'absorption de la nation par la royauté.

Je ne parle pas de la condition des *adscripti glœbe,* qui sont véritablement la chose de leurs maîtres malgré les capitulaires impuissants à redresser le mal, ni de celle des *villani,* taillables et corvéables à merci, ni même de celle des *conditionales, tributarii* ou *arimanni,* qui peuvent passer pour des hommes libres; j'examine l'état de l'ancienne société au point de vue économique.

C'est le régime de la réglementation et des ordonnances étendu à tous les besoins, à tous les échanges, à tous les objets de gouvernement. Le travail est hiérarchisé. La liberté du travail n'est pas même entrevue. Cependant, les rois, qui font argent de tout, vendent certaines franchises aux corporations et métiers qui s'empressent de les acheter, bien qu'elles doivent leur être reprises et revendues. Pour les offices, il en sera de même bientôt.

Défense aux marchands de sortir leurs grains ou leurs laines sous les peines les plus sévères. L'or et l'argent ne pourront sortir du royaume (28 juillet 1303). Philippe le Bel rend jusqu'à près de cinquante ordonnances sur les monnaies. On les fond et les altère sans relâche. Une livre coupée en deux fait deux livres : mais comme la nature des choses l'emporte sur la sagesse des rois, le peuple continue de mourir de faim, ce qui donne lieu à de nouvelles ordonnances.

Je retrouve quelque chose de cette folie d'ordonnances dans nos législations successives, qui enlacent la société dans un tissu de lois vaines et sans cesse éludées. Nous semblons encore posséder quelque chose de cette illusion qui voit dans les réglementations un remède souverain et croit corriger la nature par des textes.

Tantôt les denrées sont frappées de maximum, tantôt il leur est laissé un libre cours, mais pour revenir au maximum quelque temps après. Le mal est trop profond pour être emporté si vite, et l'on a trop de besoins pour attendre les bienfaits de la liberté du commerce. L'orge ne pourra être vendue plus de trente sols le setier, l'avoine, vingt sols, le son, dix sols (mars 1304). Il faudra attendre la révolution française pour qu'enfin la lutte entre la réglementation et la liberté prenne fin. Turgot lui-même a échoué, et l'abbé Galiani a pu passer pour un grand esprit.

L'édit de Louis XIV de 1673 avait établi les corporations dans toutes les villes et bourgs. L'ancien régime imposé au travail et au commerce subsistait dans toute sa force. Il n'y avait pas plus de liberté qu'au XIIIe siècle, où la faculté même de se vêtir était l'objet d'ordonnances. Les nobles de six mille livres de terres pourront « faire » quatre robes par an. Un simple chevalier de trois mille livres de terres, trois paires de robes dont l'une pour l'été (1294). On croit arrêter tous les maux en limitant la consommation.

Le *Livre des métiers*, d'Estienne Boyleau, qui, pour le temps, constitue un progrès, établit pour chaque métier un règlement particulier. Mais le coutelier n'a pas le droit de faire les manches de ses couteaux. Le maître sellier qui n'a point d'ouvrage pourra faire des souliers, mais le cordonnier, qui cependant a des privilèges sur le savetier, ne pourra pas faire de selles [1].

Plus tard, les corporations seront imposées par Henri III. Le maître artisan continuera de disposer de l'apprenti et du compagnon comme de sa chose. C'est toujours le régime féodal dans l'industrie. Le compagnon ne peut se marier avant d'avoir obtenu la maîtrise. L'enlacement est général, aucun mé-

[1] Voir Blanqui aîné : *Histoire de l'Economie politique.*

tier, aucun ouvrier n'y échappe. Ce sont autant de castes constituées sous un autre nom qui rendent l'hérédité fatale. Hérédité des métiers, hérédité aussi des erreurs, des préjugés, des haines.

L'organisation sociale rend un entre-dévorement inévitable. Il faut y voir un principe d'antagonisme et non un principe d'émulation. Car les formes, celles où se meut l'artisan depuis l'apprentissage jusqu'à la maîtrise, sont des formes arrêtées d'avance, sans issue. Il est impossible de ne point briser les moules si l'on en veut sortir.

Le régime des taxes, de tout temps important, alors essentiel, fractionne la nation en petits corps se jalousant et s'oppressant. Après avoir été pendant de longs siècles le signal de presque tous les soulèvements, avoir provoqué ce qu'on est convenu d'appeler l'affranchissement et ce qu'il faudrait nommer simplement le soulagement, fort précaire d'ailleurs, des communes, ce régime de bon plaisir et d'iniquité s'aggrave encore à la suite de guerres malheureuses et de besoins croissants, par des taxes inconnues au moyen âge, telles que la corvée royale appliquée à tous les travaux ou services publics, la milice, la capitation et les vingtièmes, etc...

La noblesse laisse taxer et surtaxer le tiers pourvu qu'on l'exempte, et il arrive, comme l'observe Tocqueville, qu'en France c'est le riche qui est déchargé, tandis qu'en Angleterre c'est le pauvre. On peut juger là-dessus les deux régimes et les deux nations.

Les bourgeois, à leur tour, règlent les octrois de manière à en faire peser la charge sur le menu peuple. Toutes les fractions de la société cherchent à s'accabler et se subordonner.

On voit que nul lien, nul intérêt commun, nulle idée commune, nulle charge commune même, ne les associe. L'impôt direct, ou taille, ne pèse jamais sur le gentilhomme. La vénalité des offices, celle des titres de noblesse, les privilèges des corporations, encouragent la vanité de la nation et multiplient à l'infini la hiérarchie sociale. On trouve, malgré soi, dans ce fractionnement quelque chose qui rappelle la civilisation inférieure de l'Inde. On se querelle et on se bat pour des questions de préséance. Les campagnes sont désertées. Tous les roturiers aisés se retirent dans les villes; on s'y affranchit plus facilement de la taille; on y trouve des emplois publics. Le goût du fonctionnarisme commence à poindre. Le commerce est méprisé. De 1693 à 1709 il se crée plus de quarante mille places, la plupart à la portée des moindres bourgeois[1].

La cour et la capitale, la cour surtout, absorbent la vie nationale tout entière. A dix lieues de Ver-

[1] Voir Alexis de Tocqueville : *L'ancien régime et la Révolution*.

sailles ou de Paris, on ne trouve plus de postes. La campagne est un désert. Les chemins sont de véritables ornières. Le moindre gentilhomme de province aspire au jour où il sera admis à graviter autour de ce soleil qui est le roi. Il se ruine pour réaliser cette existence[1]. Il méprise l'anobli que ne méprise pas moins le bourgeois qui a résisté à cette tentation. Entre eux, nul rapport, nulle alliance. Nulle part les hommes ne se montrent plus dissemblables, ni plus sourdement haineux. « La nation, écrit Turgot dans un rapport secret au roi, est une société composée de différents ordres mal unis et d'un peuple dont les membres n'ont entre eux que très peu de liens, et où, par conséquent, personne n'est occupé que de son intérêt particulier. Nulle part il n'y a d'intérêt commun visible[2]. »

Les différentes parties de la société n'ayant qu'un petit nombre de rapports nécessaires et de points de contact inévitables, il en résulte que les mœurs ne présentent aucune unité. Sans l'uniformité de religion, et, jusqu'à un certain degré, de législation, il n'y aurait point de nation.

On voit l'œuvre immense qui restera à accomplir et pourquoi cette œuvre sera nécessairement violente.

En résumé, l'origine ethnique, le développement

[1] Voir Taine : *Les origines de la France contemporaine.*

[2] Voir Alexis de Toqueville : *L'ancien régime et la Révolution.*

historique, la gestation nationale, la constitution organique de la société présentent des éléments de lutte, de destruction réactive et réciproque, d'antagonisme fonctionnel, qui semblent originairement irréductibles.

Les différentes parties de la société se constituent sous des formes auxquelles l'hérédité donne une fixité comparable à celle que la nature donne aux espèces. Le mouvement social apparaît comme un mouvement général de dissociation auquel une civilisation progressive apporte des forces de réintégration de plus en plus intenses. Les points de contact se multiplient, les formes perdent de leur rigueur, de leur fixité, et se laissent pénétrer; les éléments complexes d'antagonisme se réduisent en des éléments plus simples qui approchent sensiblement du maximum d'écart fixé par la nature même entre tous les êtres et toutes les formes sous lesquelles nous les voyons.

CHAPITRE III

DE L'ÉDUCATION ET DE L'INSTRUCTION OU CULTURE GÉNÉRALE, DANS LEURS RAPPORTS AVEC L'INDIVIDU HUMAIN ET LES GROUPES SOCIAUX.

I

Il faut ajouter à toutes les différences que l'origine, la race, le climat, l'hérédité, mettent entre les hommes et les classes, celles que crée l'éducation.

Cette cause se présente à l'esprit immédiatement après les causes organiques et constitutives. Elle vient, en effet, dans l'ordre naturel, la première, au second plan. On n'imagine point d'homme qui n'aurait point été plus ou moins élevé. L'instinct qui suffit à l'animal, ne suffit point à l'homme. Les animaux domestiques eux-mêmes se trouvent corrigés dans plusieurs de leurs instincts par l'éducation qu'ils reçoivent.

L'éducation ajoute à la nature les fruits du génie de l'homme. Elle doit rendre l'être plus parfait ; c'est la culture appliquée au développement de l'homme. Cette culture peut-elle aller jusqu'à la transformation de l'individu ?

Ici, se pose ce grave problème sur lequel nous allons revenir : l'homme naît-il prédestiné par une fatalité organique que l'éducation serait impuissante à détourner ?

L'éducation, entendue dans le sens le plus général, c'est-à-dire en tant qu'élevage, culture et instruction, ne peut-elle rien contre l'hérédité ? Refuser d'admettre la souveraine influence de cette action morale, si étendue et si pénétrante, ne serait-ce point enchaîner l'homme dans ses destinées contre lesquelles ses plus nobles efforts viendraient échouer en démontrant le néant de la liberté et de toute civilisation ?

Sans doute, il n'est point question de faire que celui qui est né bossu, devienne droit, et cela même, n'est-il point impossible, mais que le plus mauvais devienne meilleur, et le plus ignorant, instruit.

Il faut examiner enfin, si les différences que le classement social met entre les hommes se trouvent, pour ainsi dire, corroborées par l'éducation : s'il y a unité et harmonie entre tous les éléments qui déterminent ces distinctions.

II

L'éducation consiste à développer, en chaque être, ses facultés naturelles.

L'éducation, la culture, forment moralement un véritable milieu intérieur, où s'entretiennent normalement les éléments constitutifs de la vie morale individuelle devenue, par l'habitude, naturelle à chacun.

Il est des facultés morales acquises, comme il est des facultés physiques acquises.

Certains centres nerveux intellectuels et fonctionnels, tels que celui de la parole, apparaissent dans le développement de l'individu, comme le résultat de l'éducation. Sans doute, il en est ainsi de l'art de la musique ou de la peinture et de toutes les autres facultés qui doivent correspondre à quelque centre nerveux intellectuel et fonctionnel non encore déterminé, mais existant et donnant, par l'exercice, une habitude qui produit l'illusion de mouvements naturels, pour lesquels l'intervention de la volonté ne paraît même plus nécessaire.

Le peintre, le musicien, arrivent à exercer leur

art mécaniquement, alors même que leur esprit est ailleurs.

L'individu s'étend ainsi, se multiplie, en faisant apparaître et en développant en lui, par l'éducation, des centres qui, sans doute, existent dans tous les organismes humains, mais qui y restent à l'état de puissance tant qu'une disposition particulière ou l'éducation n'en assure point la manifestation.

Chaque faculté, chaque talent, semble un véritable sens nouveau qui fait défaut aux autres individus et signale la personnalité.

D'une manière générale, une éducation, une culture très étendues assurent à l'individu une force et une résistance morales supérieures.

Il y a tant de différence entre l'homme cultivé et celui qui ne l'est pas qu'il semble un autre être et, en réalité, il l'est.

Nous parvenons par la culture, par une nutrition appropriée à transformer les végétaux. Il en est de même pour les animaux. Nous sommes maîtres d'un grand nombre de modifications organiques et nous pouvons varier jusqu'aux espèces. Nous ferons sortir du sein du temps et de l'espace des formes qui n'attendent qu'une idée de l'homme.

Par une culture générale, étendue à tous et égale pour tous, nous pouvons mettre beaucoup de ressemblance morale parmi les hommes et diminuer ainsi toutes les causes de division entre eux.

Ici un sentiment nouveau, le sentiment de l'art

trouve sa satisfaction. Ce qui est grossier, rude, inculte, répugne au goût pour le beau. La forme s'épure par l'éducation et le dehors prend cette importance que le plus souvent l'homme se trahit par là dès l'abord. Des manières aimables séduisent, attachent et développent la sociabilité.

Il est remarquable que chaque groupe social arrive à se singulariser par une forme qui lui est devenue particulière. Le paysan, l'ouvrier, le militaire, le bourgeois, l'avocat ou l'avoué se reconnaissent par des formes auxquelles personne ne se trompe. Il y a l'air paysan, l'air militaire, l'air bourgeois, qui diffèrent complètement.

C'est un effet du métier ajouté à l'effet de l'éducation particulière.

Ainsi, la culture et le métier, ou profession, qui joue pour ainsi dire, dans la suite, le rôle d'une surculture, d'une véritable nutrition morale de tous les instants, créent des formes positives qui rendent les hommes très dissemblables.

L'éducation est à l'homme ce que les institutions et les mœurs publiques sont à un peuple.

Il n'y a point de mauvais instincts que l'éducation ne corrige et n'efface. Sans cette culture la société serait impossible. « Un enfant élevé parmi des ours, dit Condillac, imiterait les ours en tout, aurait un cri à peu près semblable au leur et se traînerait sur les pieds et sur les mains. »

III

On sait qu'en supprimant certains centres nerveux, on n'atteint que le système nerveux, moteur ou sensitif, mais que la vie continue.

La soustraction même des lobes cérébraux, qui supprime toute conscience chez l'animal, n'altère point les fonctions des autres centres nerveux.

Mais si l'on veut arrêter la vie, on sait qu'il suffira d'atteindre, par exemple, le centre nerveux de la respiration que Flourens a appelé le « nœud vital ».

Sans doute, c'est là un fait organique très simple et prédéterminé à toute expérience. Mais le rapport entre la connaissance acquise de ce fait et l'action de l'expérimentateur qui supprime la vie en sectionnant le nœud vital, ne marque-t-il pas la supériorité de l'homme sur la nature et ne proclame-t-il pas la part de liberté qui lui est laissée dans les choses ?

Il y aurait une autre expérience à faire. Ce serait de prendre un enfant né d'une race pure, aussi pure que permettrait le mélange actuel de toutes les races, un enfant berbère, sémite ou mongol, égyptien, arabe, tatar ou chinois. Après s'être assuré des conditions non douteuses de son origine, on l'amènerait et on l'élèverait en France, avec beaucoup de soins, en développpant chez lui les idées de notre civilisation, en le mêlant aux enfants de nos lycées, en l'entourant de bons exemples. On suivrait chez cet enfant les développements du crâne, de l'angle facial et de l'indice nasal; après avoir relevé, originellement, toutes ces mesures, on les comparerait à celles que l'anthropologie a déterminées dès à présent et rapportées à la race dont cet enfant serait le type. On les mesurerait d'année en année, ou de période en période, et on noterait avec soin toutes les modifications qui se produiraient.

Alors on reconnaîtrait si des différences de climat, de soins, d'éducation, de culture, de développement intellectuel correspondent à des modifications crâniennes, faciales, céphaliques et organiques.

Pour se placer dans de meilleures conditions d'observation, on pourrait étendre l'expérience à deux ou trois enfants de la même race. Nous serions curieux d'apprendre si ces brachycéphales, mésaticéphales ou eurycéphales ne deviendraient pas quelque peu dolicocéphales ou sous-dolicocéphales, si ces distinctions se justifieraient, si, en un mot, le fatalisme organique persisterait devant une culture profonde et suivie, si l'homme n'aurait pas raison de la nature?

Je ne me contenterais point de l'exemple des nègres, métis, quartorons, Haïtiens, Japonais élevés en France. Je voudrais une expérience anthropologique et physiologique complète. Je suis porté à croire qu'en raison de l'harmonie qui se rencontre partout entre la nature physique et la nature morale, le crâne, l'indice facial, le leptorhynisme, le prognathisme ou l'orthognathisme, tous ces signes organiques se modifieraient et se rapprocheraient sensiblement des signes attribués aux Atlantes, aux Aryans, aux races caucasiques. Ce qui ne peut faire doute, c'est que, dans tous les cas, l'individu moral serait devenu très semblable à l'individu moral Français, Anglais ou Allemand.

Oui, il y a des différences organiques de race et même elles se signalent par d'autres différences que celle de la couleur, de la taille, de la forme et de la dimension du crâne, de l'indice facial, de la base nasale, etc. Le climat maintient ou efface ces différences, la culture peut les détruire.

Les Indous, les Chinois, les Polynésiens ne seront pas facilement confondus avec les peuples de l'Europe par exemple. Il est à peu près certain qu'ils ne viendront pas l'occuper à notre place et que la Bactriane ne sera pas une seconde fois le berceau du monde civilisé. Cependant, on peut affirmer, par ce qui s'est produit dans le passé, qu'après quelques milliers d'années il n'y aurait pas plus de différence entre les Indous et nous, qu'entre les anciens Aryans et les Allemands de notre temps.

Chaque peuple continuera d'habiter son climat et de cultiver son sol. Mais partout où les rapports de races, de peuples, iront, sous une même zone climatérique jusqu'à la confusion, chaque fois que dans ces mêmes conditions la même culture sera appliquée, les différences dont il a été parlé s'effaceront jusqu'à disparaître.

La civilisation elle-même n'est qu'une culture générale qui sert d'organe et de soutien à ce quatrième ordre qu'on peut appeler l'humanité et qui subordonne les fatalités de la nature à la puissance de la science. Loin que la science détruise Dieu, elle l'affirme en rapprochant l'homme de la cause universelle.

IV

Dans un ouvrage tout récent, d'une valeur considérable, M. J. de Boisjoslin se montre dominé par cette idée que la race est prédominante dans la formation des sociétés, qu'elle constitue un élément irréductible qui se retrouve jusque sous les mélanges les plus variés et anime la masse historique des peuples, que l'éducation est impuissante contre les fatalités héréditaires de la race et les conséquences nécessaires de son développement et qu'une des illusions françaises est précisément d'attribuer aux entités morales et notamment à l'éducation une force que dément la nature [1]!

Nous regrettons ce désaccord avec M. de Boisjoslin, dont la pensée nous est commune sur tant d'autres points. Mais nous persisterons à attribuer à l'éducation l'influence d'un véritable croisement, d'une sorte de croisement de l'esprit avec la matière, des éléments supérieurs des connaissances humaines accumulées depuis des siècles comme de véritables êtres intelligents, avec cet être, tout matière qui vient de naître et qui sera l'homme élevé dans son unité à la puissance des milliers de générations disparues et de milliers d'années écoulées pour son enseignement et sa grandeur!

On emploie trop souvent indifféremment les mots éducation et instruction. L'instruction fait partie de l'éducation, qui comprend tous les soins par lesquels se fait l'institution de l'enfant à l'état de l'homme.

N'avons-nous pas vu que l'éducation pouvait transformer les hommes, les races, voire l'espèce elle-même de la même manière que se transforment, par de savants mélanges, les espèces dans les végétaux et dans certaines espèces animales dont l'expérimentateur est maître aujourd'hui de changer la forme et la sexualité !

[1] V. Jacques de Boisjoslin : *Les Peuples de la France. Ethnographie nationale.*

Chez l'homme, il se fait dans l'organisme moral, par l'éducation, le même travail qui s'opère dans notre corps où les éléments de la vie sont peu à peu éliminés et remplacés par des éléments nouveaux qui constituent véritablement en nous un autre être.

Une nutrition, une hygiène, des conditions physiologiques appropriées peuvent modifier jusqu'à la forme des individus et des races. M. de Boisjoslin lui-même reconnaît l'importance essentielle du climat, ce premier agent de conservation ou d'altération des races.

Voir dans la race, le fatalisme aveugle de la nature et jeter le poids de cette domination dans le monde, c'est nier, dans une trop forte mesure, la puissance de l'esprit et décourager l'humanité qui n'a rien à attendre que de la pensée.

Ce ne serait pas, nous l'accordons, un motif suffisant de combattre un tel système. Mais, en vérité, si la race se présente, surtout à l'origine, avec le caractère du plus important des facteurs de la civilisation, il faut bien reconnaître que, dans le cours du développement des sociétés, ce facteur perd singulièrement de son importance. Il apparaît pour ainsi dire relayé, de siècle en siècle, par des facteurs plus complets, nourris d'éléments plus savants pour laisser enfin le char qui entraîne le monde aux chevaux ailés de la pensée.

Tout récemment, dans des circonstances tragiques qui ne sont pas encore oubliées, un grand capitaine de l'armée turque a trouvé la mort [1]. On assure que ce jeune homme, recueilli dès l'âge de douze ou treize ans par un grand vizir, était Français par le sang et Allemand de naissance. Voilà certes par la valeur et le caractère du personnage, par sa brillante fortune militaire, et même diplomatique, un produit intéressant du mélange des races. Nous voudrions bien savoir dans quelles proportions se trouvaient mêlés chez lui les éléments kymriques, ligures, celtiques, gallo-liguriques ou gallo-kymriques, teutoniques, sémitiques, mongoliques ou autres qui pouvaient se joindre au mélange français, allemand ou turc ; et auquel de ces éléments il faudrait rapporter le principe de cette jeune gloire trop tôt éclipsée?

V

L'éducation se fait par l'exemple. L'instruction est nécessairement le privilège de la fortune, car il ne faut point tenir pour l'instruction les notions que peut fournir l'enseignement primaire. Lire,

[1] Méhémet-Ali, général des armées ottomanes pendant la guerre de 1877-1878, ambassadeur au congrès de Berlin, massacré au cœur de l'Albanie qu'il avait mission d'apaiser.

écrire, compter, ne sont que les éléments indispensables pour acquérir l'instruction.

Il faut remarquer, cependant, que c'est par la mise à la portée de chacun de ces éléments très simples que l'instruction peut être étendue et diminuer l'écart qui sépare les hommes et les classes.

Considérez la très grande différence que peuvent mettre entre les hommes quelques connaissances très simples en cosmographie, en astronomie ou en physique, par exemple. Quel horizon de pensées et de rêves pour celui qui a reçu quelques notions des lois de la gravitation, qui n'ignore les noms ni de Galilée, ni de Copernic, ni de Képler, ni de Newton, ni de Laplace; qui sait que la terre que nous habitons est une infime planète parmi les mondes innombrables dont les actions réciproques maintiennent la nôtre en équilibre, que ce soleil qu'Anaxagore mesurait timidement à l'étendue du Péloponèse, est quatorze cent mille fois plus volumineux que la terre, que la lumière des étoiles les plus rapprochées de nous ne met pas moins de trois ans pour nous parvenir, alors que la vitesse de la lumière est de soixante-dix-sept mille lieues par seconde! Quels graves sujets de méditations pour celui qui peut comparer l'hypothèse des épicycles d'Hipparque et la théorie des évections de la lune de Ptolémée au progrès de la science des Humboldt, des Arago et des Leverrier!

Quelle nuit profonde pour celui qui ignore tout de ces grandes lois des espaces et des mondes! Comment ses croyances et ses jugements pourraient-ils s'accorder avec ceux de l'homme plus instruit?

Au plus grand nombre, l'éducation et l'instruction primaires pourraient suffire et l'inégalité irréductible laisser à tous une vie supportable, si les mœurs publiques et privées fournissaient à tous les degrés de la société à peu près les mêmes exemples. L'éducation générale est manifestement dans les mœurs privées par la famille et dans les mœurs publiques par la nation.

L'homme est naturellement porté à l'imitation. L'exemple est tout puissant sur lui. La femme s'y plie encore davantage. Il suffit le plus souvent pour elle de l'exemple d'une mère vertueuse.

L'exemple, celui de la moralité, ne se rencontre pas également dans toutes les classes de la société. L'instruction même est expérimentalement sans rapports nécessaires avec la moralité.

Les plus intelligents, les plus instruits, ne sont pas toujours les plus sages. Quand on parle de moralisation générale par l'instruction, on entend que le plus instruit devrait être le plus moral, et, en effet, dans des conditions normales, cela doit être et cela se rencontre.

Mais les conditions particulières à chaque individu et même à chaque partie de la société tendent à établir séparément le domaine de l'esprit et le domaine de l'action, et accusent une contradiction flagrante entre les principes et les faits.

Théoriquement, la conception d'un homme, grand à la fois par l'esprit et par l'action, grand honnête homme et grand cerveau, se trouve logique : et sans doute de grandes figures, telles qu'un Michel de l'Hospital, méritent seules d'être présentées à l'admiration et à l'imitation des hommes comme un exemple de la juste harmonie qui se doit rencontrer entre toutes les puissances de la nature et de l'humanité combinées. Mais c'est le petit nombre, et pour ce petit nombre, l'instruction n'eût pas non plus suffi. Tous les éléments d'origine et de développement sont nécessaires pour réaliser en quelques hommes pareils le type d'une humanité supérieure qui demeurerait loin encore de la perfection : mais que la civilisation, c'est-à-dire une culture progressive, pourrait à son tour réaliser en un nombre de sujets qui comprendrait presque tous les hommes.

Il faut reconnaître que l'état social actuel n'offre pas d'instrument plus puissant d'égalisation et d'accord général, en dehors même des conditions d'origine et de milieu.

A ce point de vue, la nécessité d'une instruction nationale se pose impérativement. Il faut y voir la source la plus certaine d'idées et d'affections communes, sans lesquelles aucune société n'est possible.

4.

Un peuple qui a pour devise « Dieu et la Patrie » est bien fort. Celui qui, ne pouvant imposer son Dieu à toutes les croyances, pourrait donner à l'amour de la patrie la force d'une religion, serait encore suffisamment puissant. Une instruction nationale est seule capable de faire connaître et aimer la patrie.

Je vois, dans les grandes divisions de notre enseignement public, l'image des grandes lignes de séparation des différentes parties de la société : l'instruction primaire pour les masses, l'enseignement secondaire pour la bourgeoisie et quelques artisans, l'enseignement supérieur pour une élite aristocratique. Sans doute, le chemin est libre d'un degré à l'autre sur toute la ligne. Mais chacun naît avec des besoins et des satisfactions obligés, une éducation toute indiquée, une instruction à l'avance arrêtée et dont le bénéfice lui est assuré ou refusé nécessairement. Il y a hérédité là comme ailleurs. Le milieu social détermine le mode de culture, et, malheureusement, le courant qui s'observe aux sommets est bien loin d'être le même qui emporte toute la masse. Le caractère de l'instruction primaire est de plus en plus national et laïque. Cet enseignement prépare un peuple qui pourrait rencontrer un jour les courants contraires, opposés par un enseignement empreint d'esprit de caste, d'ordre, de classe, à un développement harmonique de toute la nation. Les distinctions sociales, au lieu d'aller en s'atténuant, iraient s'accentuant et s'aggravant.

Ici, comme en d'autres points, la même force peut être une force d'association ou de dissociation.

CHAPITRE IV

DES CROYANCES RELIGIEUSES. — DU CHRISTIANISME. — ÉVOLUTION DE LA PENSÉE RELIGIEUSE. — CLASSEMENT DES CROYANCES.

Il est impossible de méconnaître ni de diminuer l'influence considérable que le christianisme a exercé sur la constitution et le développement des sociétés occidentales.

D'une manière générale, les croyances religieuses méritent d'être classées parmi les causes générales, d'ordre collectif et d'ordre individuel, de la diversité des opinions et des sentiments moraux. Ayant à parler particulièrement de la société française, nous ne pouvons éviter de considérer un instant le christianisme au point de vue qui nous occupe.

La scolastique n'a été que la subordination de la philosophie à la théologie et à l'Eglise.

« Il n'y a pas, dit Jean Scot, deux études, l'une de la philosophie, l'autre de la religion. La vraie philosophie est la vraie religion et la vraie religion est la vraie philosophie. » (Jean Scot. *De predestinatione.*) Roscelin, Guillaume de Champeaux, Abélard, sont pleins de prudence. Ceux qui s'écartent de cette prudence ont le sort de Giordano Bruno ou de Vanini.

Malgré la différence des temps, il y a quelque chose de la préoccupation de ne point choquer trop directement les croyances reçues dans l'expression de la pensée même la plus libre. Il n'y a pas tant d'années qu'un cours du Collège de France était fermé sur un mot d'interprétation appliqué à la divinité du Christ.

Nous aurons donc soin de circonscrire la question dans les limites de notre unique sujet.

Dans quelle mesure le développement du christianisme se trouve-t-il lié au développement de la société politique? Et quels sont les effets moraux de la nouvelle doctrine?

Si l'évolution de la pensée religieuse n'était pas intimement unie à l'évolution de la pensée politique et sociale, si ces deux consciences ne se fortifiaient et ne se combattaient pas tour à tour dans un mouvement qui se continue sous nos yeux, nous n'aurions pas à nous préoccuper de la question.

Il faut distinguer, tout d'abord, deux choses dans le christianisme : la doctrine et l'Eglise.

La doctrine est sans cesse en voie de formation. L'Eglise se constitue par un mouvement parallèle à la constitution des sociétés politiques.

A peine la doctrine paraît qu'elle se divise. Depuis les efforts des apôtres, qui vont partout annonçant la bonne nouvelle, jusqu'à Port-Royal, et depuis Port-Royal jusqu'aux querelles de l'Eglise moderne, il n'y a pas un instant de repos pour la pensée religieuse. Dès l'origine, la lutte entre la philosophie et elle éclate violente et éternelle. Il n'y a pas à proprement parler de doctrine avant le concile de Nicée, qui est de l'an 325 après Jésus-Christ. Près de quatre siècles passés en vaines disputes !

Que d'efforts pour établir les premiers fondements de la doctrine ! Que de prédications, argumentations et réfutations ! Philostrate oppose au Christ Apollonius de Tyane. Le gnosticisme montre de puissants et habiles docteurs qui entrent souvent mieux que les chrétiens dans la pensée de leur temps. Saint Irénée, Clément d'Alexandrie, Origène, Théodoret, épuisent leur verve contre les gnostiques. Le manichéisme occupe à son tour la scène des disputes éternelles. L'arianisme prend racine chez les nations barbares. Le christianisme n'apparaît que comme une doctrine savante et subtile, née d'une synthèse inévitable des systèmes de la Perse, de la Judée, de la Grèce, de l'Egypte. De même, les premiers chrétiens réalisent le mélange de toutes les races en circuit depuis trois siècles. Qui peut dire exactement la part qu'ont dans la Genèse du christianisme Aristobule, Philon, les Esséniens, les Thérapeutes, l'école d'Alexandrie, etc...

Depuis les travaux de MM. Franck, Münk, Strauss, Renan, etc..., on sait tout ce que la doctrine emprunte à la kabbale, à la philosophie persane et juive, au platonisme.

Athanase ne triomphe qu'avec le secours du pouvoir impérial. Mais Arius n'est définitivement battu que lorsque Germains, Goths, Vandales, Longobards, etc..., qui professaient sa doctrine, se sont soumis aux évêques de Rome.

L'archidiacre d'Alexandrie ne peut assurer à l'homoousie une fortune incontestée. Jusque dans la pratique du culte il rencontre des protestants tels que Vigilance et Aérius.

Saint Augustin et saint Thomas d'Aquin auront à continuer contre les scolastiques et les commentateurs d'Aristote, l'œuvre d'Athanase contre l'arianisme. Ils tenteront à leur tour de fixer définitivement la doctrine officielle et orthodoxe.

Les conciles succèdent aux conciles et les hérésies aux hérésies. Nestorius est condamné par le concile d'Ephèse. Eutychès voit l'évêque de Rome Léon Ier prendre parti contre lui.

Le monophysisme de Dioscure est condamné par le concile de Chalcédoine. Au monophysisme succède le monothélisme, et ainsi de doctrine en doctrine, d'hérésie en hérésie jusqu'au Moyen Age où la scolastique ne laisse à l'orthodoxie qu'un faible répit. Il ne nous appartient pas de rappeler le sort de l'Eglise d'Orient, le triomphe de l'Eglise d'Occident, l'histoire des hérésies, celle des conciles, la lutte des conciles et des papes, la guerre du sacerdoce et de l'Empire, l'histoire de la Réforme, celle du jansénisme et de Port-Royal, celle du gallicanisme, etc...; toutes ces histoires commencent à être connues. Il faut seulement en tirer cette observation qu'à aucun moment du développement historique de la doctrine chrétienne, il n'y a ni constitution définitive, ni unité. La pensée religieuse ne se détermine nulle part, malgré les efforts d'un Albert le Grand, d'un saint Bernard, d'un saint Thomas, malgré le génie des plus grands docteurs. La lutte originelle, organique, avec la pensée philosophique est de tous les moments. Le monde oscille de la pensée religieuse à la pensée libre.

Nous avons aussi à relever le point précis où la doctrine se mêle aux intérêts sociaux et où les deux mouvements religieux et politique deviennent connexes et parallèles.

Certainement, Constantin et Théodose donnent

à la nouvelle doctrine l'appui impérial, et Pépin le Bref lui donne le pouvoir temporel. Mais, en fait, c'est avec le premier évêque de Rome que s'opère le premier établissement de la puissance religieuse sur la société civile.

Ce sont les évêques de Rome qui rendent héréditaires les rois électifs des Goths et des Vandales. Ils sacrent des rois et des empereurs. La constitution d'un sacerdoce fait la constitution de l'Eglise. L'Eglise devient pouvoir. L'évêque de Rome devient pape. Les papes deviennent arbitres du monde, puisqu'ils ont droit de déposer les rois et les empereurs. La puissance de l'Eglise atteint ainsi sa plus haute expression.

Il faut remarquer que là où le pouvoir de l'Etat est faible, le pouvoir ecclésiastique est dominant. Ce pouvoir suit une ligne ascendante, malgré des fortunes diverses, jusqu'au moment où les pouvoirs politiques, se constituant plus fortement, s'affranchissent de l'influence ecclésiastique et vont jusqu'à la subordonner.

Le sentiment religieux des masses, qui ne voient la religion que dans l'Eglise, suit ces mouvements. Il y a affaiblissement ou recrudescence du sentiment religieux suivant la mauvaise ou la bonne fortune de l'Eglise. On conçoit que l'Eglise lutte pour ne rien laisser diminuer de son pouvoir, à peine de péril pour la religion. Elle met les peuples dans la nécessité de la laisser dominer s'ils veulent échapper à l'anarchie des croyances.

Nous observons ici quelque chose de comparable à l'antagonisme organique que nous avons remarqué entre les différentes parties de la société. Il y a antagonisme irréductible entre la pensée religieuse et la pensée libre, antagonisme entre le pouvoir religieux et le pouvoir politique.

L'Eglise semble prise à son propre piège. Après avoir prêté toutes ses forces au pouvoir politique, après s'être, à son tour, appuyée sur lui, elle voit l'antagonisme organique, fatal, inéluctable, entre ces deux principes opposés, éclater brusquement et menacer l'un ou l'autre d'une ruine définitive.

Remarquons maintenant comment s'opère le classement des esprits dans ce mouvement qui emporte le monde. A ce classement des esprits correspond le classement social. La nature se révèle partout d'accord avec elle-même. Les plus instruits, les plus indépendants, résistent à toute doctrine imposée. Aux IIIe et IVe siècles, ils sont ariens ou semi-ariens. Au moyen âge, ils sont hérétiques. Au XVe siècle, ils sont protestants ; au XVIIe siècle, jansénistes ; au XVIIIe, libres-penseurs et philosophes.

Le peuple reste ignorant et croyant. Il demeure plus de quinze siècles durant le plus merveilleux instrument de domination que rois, papes, empereurs ou seigneurs se pussent disputer.

Par une contradiction naturelle, et qui se rencontre en toutes choses, dès que le peuple cesse de croire, il passe à l'extrême, devient athée, cruel, persécuteur à son tour. Ce sont les classes moyennes et les classes aristocratiques qui gardent et sauvent la foi.

Le même peuple qui a fait la Jacquerie, affranchi les communes, sacrant les rois, s'alliant à eux contre les grands, provoquant les croisades, imposant des papes aux suffrages des conclaves et portant les évêques de Rome à une puissance supérieure à celle des empereurs et des rois, saluera et combattra la Réforme, mettra le feu à l'Europe, acclamera les philosophes, détrônera Louis XVI et fera la Révolution.

Cette mobilité extrême marque l'influence organique des parties les plus élevées de la société sur les plus basses et représente fidèlement tous les effets des luttes et des rivalités qui s'agitent entre les grands en se répercutant dans les masses.

Le sacerdoce, qui constitue à l'origine une force de cohésion, devient un principe de dissociation. Ici, comme nous l'observons dans la nature, les mêmes principes qui font et entretiennent la vie deviennent des germes de mort.

Le peuple qui a soutenu l'Eglise et sa doctrine devient pour elle une menace de ruine. On n'impose pas longtemps une croyance. Les aristocraties sont naturellement raisonneuses. On n'échange avec elles que des services. La clientèle du peuple ne se remplace pas.

Aux temps mêmes de la foi la plus ardente et la plus sincère, de singulières différences s'observent entre toutes les parties de la société. Les philosophes, les membres des parlements, les hommes de guerre, les gens de cour, présentent ce caractère uniforme : pour les dehors, beaucoup de respect et d'humilité ; au for intérieur, une foi médiocre, un scepticisme inconscient corrigé par les erreurs courantes, beaucoup de jalousie à l'égard du clergé, et une grande fermeté à défendre les prééminences et les préséances de corps.

Ce que l'histoire permet de connaître de la conscience de rois tels que Philippe le Bel, François Ier, Henri IV, d'ambassadeurs tels que Philippe de Nogaret, de ministres tels que les cardinaux de Richelieu, Mazarin, ne porte pas à penser qu'il y ait eu, souvent chez les grands, abus de sincérité dans la foi, ni harmonie entre les croyances et les soumissions apparentes concédées par intérêt ou ambition, au fanatisme sanglant des peuples.

Ne faut-il pas tenir compte de tant de bûchers et de tant de guerres allumés à travers toute l'Europe par ces passions furieuses dont tous les pouvoirs se faisaient une arme au nom d'une religion de paix et d'amour ?

Les guerres de religion sont encore des guerres de conquête, bien qu'elles succèdent à la pure barbarie. Mais tandis que les guerres de conquête restent encore possibles, en se faisant offensives sous prétexte de défensive, les guerres de religion sont devenues à peu près impossibles. Faut-il y voir un affaiblissemeut du sentiment religieux autant qu'un résultat de civilisation ?

Et quel est le rapport entre la civilisation et la vivacité du sentiment religieux ? Les sociétés les plus croyantes sont-elles les plus policées ?

Le fanatisme politique paraît remplacer aujourd'hui le fanatisme religieux. De 1789 à 1830 et 1848, on a pu se battre pour des principes. Depuis 1871, les passions politiques ont pu prendre le caractère de violence qui se rencontrait dans les passions religieuses. Il est remarquable que le classement des passions politiques est le même que celui qui s'observe pour les passions religieuses. Le peuple se fanatise facilement. Ce qui peut rester de foi en lui se soulève pour certains principes qui, sans doute, agissent avec d'autant plus de force sur lui, qu'ils lui doivent apparaître avec quelque chose de l'abstraction, de l'idéalisme, et de l'indécision des croyances religieuses. Les aristocraties mettent toujours un scepticisme élégant dans la défense de leurs intérêts les plus immédiats, je veux dire de leurs principes. La philosophie vient des sommets. Elle affranchit les esprits par un mouvement qui se produit de haut en bas et non de bas en haut. Le peuple reçoit l'incrédulité ou le fanatisme de ceux qui ont le temps d'étudier, de lire et de prier.

L'apaisement peut ne résulter que d'une indifférence universelle. Cette grande question n'en restera pas moins celle qui a allumé le plus de passions, suscité les plus grands crimes et les plus grands désastres, jeté les plus grandes divisions et les plus grandes haines entre les hommes.

CHAPITRE V

LE TRAVAIL HUMAIN. — ANTAGONISME DES VILLES ET DES CAMPAGNES. — COMMERCE ET INDUSTRIE. — CONCURRENCE. — PROHIBITION. — LIBRE-ÉCHANGE. — DÉCENTRALISATION. — RAPPROCHEMENTS SOCIAUX. — ÉMIGRATIONS ET IMMIGRATIONS. — PSYCHOLOGIE SOCIALE. — LOI DE CONSERVATION ET DE PERFECTIONNEMENT COMBINÉS.

I

Comme il y a deux sortes de populations, celles des campagnes et celles des villes, il faut distinguer deux classes de travaux : les travaux des champs et les travaux des villes. Les voies de communication et les chemins de fer relient ces populations entre elles sans les confondre. Un certain nombre d'industries mécaniques, que la construction des chemins de fer a précisément créées et développées, emprunte à ces deux classes de travaux sans diminuer, même à d'autres points de vue que celui qui nous occupe, l'importance de la distinction naturelle établie entre elles.

Les types de travailleurs qui les représentent sont bien le paysan et l'ouvrier.

Tout d'abord, ce qui doit frapper est la différence de leur vie individuelle. C'est là un élément ordinairement trop négligé. L'un, en présence de la nature, avec la terre à ses pieds et le ciel pur au-dessus de sa tête, travaillant avec l'aide de sa femme et de ses enfants, libre sur le champ qui le nourrit et qui lui appartient, respirant l'air des vastes espaces, sobre par tempérament et par nécessité, se couchant avec les poules, se levant au chant du coq ou au carillon du village. Cet homme n'entretient qu'un petit nombre d'idées simples, dont il ne sort guère sa vie durant. Il n'a point d'ambition. Il n'est point sollicité par des objets hors de sa condition et de sa portée. Il n'a point le spectacle du luxe. Il vit au milieu de gens semblables à lui et dont il est véritablement l'égal. Il est heureux.

L'autre est sans cesse en présence de l'homme, le plus souvent sous la surveillance d'un maître. Il n'a devant les yeux que le spectacle malpropre d'un atelier ou d'un ménage misérable. Il travaille presque sans lumière et sans air. Il est nerveux et irritable. Rien de ce qu'il touche ne lui appartient.

Il se nourrit mal, car tout est cher dans les villes, et il ne produit rien de ce qui est nécessaire à sa propre subsistance. Il est intempérant et anémique. Il est dans l'agitation des centres, il la subit et y succombe. Pour lui, la camaraderie remplace la famille dispersée chaque matin dans d'autres ateliers aux quatre coins de la ville, et à peine réunie le soir. Si le cabaret l'attire, c'est qu'il est toujours à la porte de l'usine, plus près de lui que le foyer. Cet homme se trouve pénétré de toutes les idées qui ont cours. Il les prend partout, malgré lui, avec l'air qu'il respire. Il ne sait rien et il parle. C'est un besoin que développe la promiscuité du travail. Il est sans cesse sollicité par toutes sortes d'objets hors de ses moyens. Il a devant lui le spectacle de toutes les inégalités sociales, de la fortune, du luxe, des plaisirs. Il vit au milieu de gens dont il ne se sent point l'égal, et se trouve agité d'un désir constant de changement. Il est soupçonneux et triste.

N'est-il pas vrai qu'une vie semblable est un des éléments les plus puissants de fraternité entre les hommes ?

Comment partager les mêmes affections et les mêmes idées quand on vit si différemment ? Transportez un ouvrier des villes dans les champs : le voilà tout autre. Placez un paysan dans les villes et observez le changement. Sans doute leurs traits les plus généraux subsisteront et continueront de les distinguer, mais il y aura fusion et presque confusion dans les goûts, dans les idées, dans les aspirations.

Quel est celui de nous qui, après de longues années d'habitation et de travail dans la ville, ne s'est senti transformé par quelques semaines de séjour au milieu des champs?

Le genre du travail, auquel correspond nécessairement un genre de vie approprié, met donc une grande différence entre les hommes.

Cette différence se trouve accrue par la multiplicité des métiers et professions.

Si l'on exerce mille ou quinze cents métiers et professions à Marseille ou à Bordeaux, deux ou trois cents à Blois, cinquante ou cent à Brives, on en exerce peut-être huit ou dix mille à Paris, à Londres ou à Vienne.

Chacun de ceux qui exercent ces métiers et professions en reçoit l'influence. Le médecin, l'avocat, l'artiste, ne voient point toutes choses comme le banquier, le marchand, fabricant, contre-maître ou homme de peine.

On peut dire qu'avec la division de plus en plus grande du travail, les nécessités de la grande industrie et la concurrence étendue aujourd'hui à toutes les professions, l'homme se trouve rivé à sa pièce, à son état. Il se spécialise. Le métier finit par mécaniser l'homme. C'est un écueil que ne peuvent éviter, avec les besoins croissants et la diminution de valeur de l'argent, les hommes qui ont le plus le souci de leur culture générale, mais que le métier ravit chaque jour à eux-mêmes de même sorte.

Seuls, ceux qui, par profession ou par goût, vivent dans les spéculations de l'esprit, ont aujourd'hui le moyen d'être supérieurs aux autres.

Il y a même lieu de se demander, en présence de cette mécanisation de l'homme, quel sort attend les sociétés futures. En remplaçant de plus en plus l'homme par la machine, on a réduit l'homme à l'état de rouage secondaire. L'inventeur, le penseur, restent seuls au premier rang. En multipliant la production, on a excité la consommation. En avilissant les prix, on a créé les produits inférieurs. Il y a réaction forcée contre ce mouvement dont nous reparlerons ailleurs.

Ce qui est certainement un signe de civilisation, c'est que l'homme soit affranchi des travaux pénibles. L'idéal serait qu'il ne fût plus que le conducteur intelligent de machines parfaites qui accompliraient ce qui lui reste encore de travaux de mains. Un tel état n'est pas impossible. Il y aurait plus de loisirs pour la pensée et les esprits auraient plus d'occasion de se reconnaître et de se pénétrer.

Mais l'homme abuse de la machine comme il abusait de l'homme. Il exproprie le travailleur sans compensation suffisante. Il ne voit, dans la machine, qu'un moyen écrasant de production, exploitable, de jour et de nuit, sans trêve, ni fête, au lieu d'y trouver, pour chacun, une occasion de soulagement et de repos. Il ne voit que plus de richesses là où il faudrait voir simplement plus de bien-être, et plus de temps pour les loisirs de l'âme. Car ce ne sont pas tant les machines que les hommes qui font la grandeur et le bonheur des peuples.

Il serait intéressant de se reporter à l'histoire du travail et de ses transformations. C'est une œuvre qui a été faite, notamment par M. Blanqui aîné, et nous n'en devons tenir compte qu'en ce qui regarde l'objet de ce mémoire. Cette histoire est liée au développement des idées de propriété, de travail, de capital.

L'abolition des maîtrises et des jurandes marque en quelque sorte la fin d'un état social. La grande réforme de Turgot ouvre une ère nouvelle à l'industrie et au commerce, pour ne pas dire qu'ils en sortent de toutes pièces. La Révolution achèvera le mouvement.

L'économie politique s'empare de tous ces faits nouveaux. Voilà bien une science moderne qui, avec beaucoup d'autres, résulte de cette rénovation sociale qui livre à l'observation un monde nouveau et appelle à la science, suivant leurs libres penchants, les hommes affranchis.

De toutes les idées nouvelles la plus fortement assise, celle qui a fécondé et raffermi la société, a été l'idée de propriété. Cette idée a fini par triompher de tous les assauts, dont le plus rude fut certainement celui que livra de 1845 à 1852 le célèbre philosophe et polémiste P.-J. Proudhon, converti lui-même à la fin de sa carrière à cette idée si attaquée.

Dans le fait, la propriété instituée en droit et mise par le travail à la portée de tous a produit une des sociétés les plus fortement constituées qui soient au monde. C'est aujourd'hui un lieu commun de dire que la France a résisté à toutes les épreuves parce que chacun y est propriétaire et se trouve avoir intérêt à la conservation sociale.

Nous comptons, en effet, 5 millions de propriétaires de terres, tandis que l'Angleterre ne compte que 30 mille propriétaires dont le revenu moyen est de 125 mille francs ; le revenu moyen étant, chez nous, de mille francs par tête de propriétaire.

L'acquisition de la propriété, son morcellement assuré par le travail, qui est un don de race en France, assuré aussi par le régime de succession le plus équitable et le plus égalitaire, a puissamment contribué à la prospérité nationale et à ce classement social qui constitue la démocratie, justifie à certains yeux, explique seulement à d'autres le suffrage universel, et, dans tous les cas, met la nation de plus en plus en harmonie avec lui.

Le paysan sait ce qu'est la propriété, et surtout ce qu'est la terre, le premier de tous les biens. Il a de la considération pour celui qui possède plus de terre que lui, et lui donnerait volontiers sa confiance. Il est bien rare que le grand propriétaire foncier, pour peu qu'il ait d'intelligence, d'humanité et de politesse, ne soit pas dans sa province tout ce qu'il veut être.

L'ouvrier ne sait pas ce qu'est la terre. Il ne l'entrevoit que dans de modestes enclos, quand il sort de la ville, le dimanche, ou quand il court, à travers le pays, à la recherche du travail. Il sait ce qu'est une usine, un atelier, une maison, un outil, un bien mobilier, c'est-à-dire un bien qui le fuit. Il a surtout ce sentiment qu'il lui sera toujours difficile et rarement possible de posséder quelque chose de ces biens qui sont au patron, au contre-maître, au rentier.

Entre celui qui, comme lui, ne possède rien, et celui qui, comme le maître, possède quelque chose, sa préférence est toute faite. Faut-il s'étonner que les villes échappent à l'influence des autres classes depuis que la classe ouvrière, qui est le nombre, dispose des suffrages?

Rendre l'ouvrier propriétaire, est un problème qui n'a pas été assez étudié. Ce serait là certainement un des moyens les plus assurés de faire l'ouvrier semblable au paysan, de lui donner le même goût pour la conservation sociale et un peu de la considération et de la confiance que le paysan accorde à de plus riches et de plus instruits.

Les aspirations positives de la classe ouvrière, non seulement à un plus grand bien-être, mais à plus d'instruction, peuvent être satisfaites avec le temps. Elles doivent l'être dans un intérêt de justice et de stabilité sociale. Tout le monde profite de l'accord des classes et du rapprochement des personnes. Mais la tâche des classes supérieures est rude. Plus le rang est élevé, plus le devoir s'impose. C'est à elles de donner l'exemple. C'est à elles de se rendre toujours acceptables pour être toujours acceptées sans revendications violentes. Le sentiment de la justice, immanent dans l'humanité, et développé par l'organisation nouvelle de la société, doit être sans cesse satisfait. Celui qui reconnaît son supérieur dans l'homme plus instruit, plus consciencieux, plus estimé, ne se sent point en révolte, mais en émulation.

Si l'on donne l'instruction aux classes ouvrières des villes et des campagnes, il faut nécessairement, à peine de déchéance et de désordre, porter à un niveau plus élevé l'instruction des classes plus fortunées.

Savoir, c'est saisir entre les choses tous les rapports existants. Ainsi entendue, personne ne possède la science, mais on peut en approcher dans une progression constante.

Ce qui importe le plus à l'harmonie sociale, c'est que dans l'instruction générale de la nation, on ne néglige pas l'enseignement des rapports les plus simples entre les choses, de ceux sur le sens desquels il y a certitude pour tout le monde. Une demi-connaissance ou une connaissance fausse des éléments mêmes de toute instruction constitue le plus grand danger social. Il est un certain nombre d'idées qu'il ne faut pour ainsi dire mettre en mouvement qu'avec un passeport parfaitement en règle. Il ne faut pas que la confusion soit possible.

Nous avons parlé de l'idée de propriété.

Les idées de travail et de capital ont été, à leur tour, introduites. Mais elles ont été improprement distinguées jusqu'à ce point que chez beaucoup d'esprits, et malheureusement dans les classes ouvrières, elles se sont constituées à l'état d'opposition.

Elles ont fini par identifier deux classes de personnes : les travailleurs et les capitalistes, et ont ainsi établi entre ces deux classes un état de guerre dont nous ne sommes pas encore revenus.

De même, on avait distingué longtemps la production et la consommation, le producteur et le consommateur, jusqu'au jour où l'on reconnut que chacun était, tour à tour, producteur et consommateur, et que les termes de production et de consommation étaient essentiellement corrélatifs.

Il n'y a rien qui ne puisse devenir objet de science. Il n'y a rien non plus qui ne puisse être objet de travail et constituer un capital. L'intelligence est le premier de tous les capitaux. La matière n'a pas de réalité sans l'intelligence. On n'imagine point la matière travaillant la matière. Cela n'a point de sens. Tous les produits, quels qu'ils soient, ne sont, en réalité, que des produits de l'intelligence.

C'est donc avec un instinct sûr que les classes ouvrières réclament l'instruction. Mais ce serait méconnaître le but et le résultat, méconnaître les aspirations mêmes des ouvriers que de leur donner une instruction qui loin d'effacer les erreurs et les préjugés, les perpétuerait, et éterniserait ainsi les divisions qui existent dans la société.

L'écart intellectuel et moral est trop grand entre les classes. C'est à le diminuer qu'il faut travailler. Et pour donner des idées justes, en une telle matière, ce n'est pas trop que de vouloir introduire dans toutes les écoles l'enseignement de l'économie politique. C'est là un projet qui ne saurait être trop encouragé. Mais à la condition que cet enseignement tiendra compte des erreurs déjà répandues, qu'il les redressera progressivement et qu'en éclairant les esprits, il les induira naturellement à prendre conscience de leur propre état et de celui des autres.

L'homme qui ne peut plus être soumis, ni grandir par la foi, ne peut être soumis et hiérarchisé que par la science qui lui offre, d'ailleurs, toutes les gloires.

II

Des distinctions, que nous avons relevées, entre les travailleurs des villes et ceux des campagnes, résultent deux forces contraires qui expliquent le mouvement et les agitations des sociétés contemporaines. Les villes sont révolutionnaires par rapport aux campagnes. Les campagnes sont réactionnaires par rapport aux villes.

Les villes romaines et les campagnes barbares nous montrent une première forme d'antagonisme qui, dans la suite de l'histoire, n'a fait que s'accentuer. Il n'y a antagonisme que parce qu'il y a séparation.

En réalité, le paysan est aussi attaché à ses franchises que l'ouvrier à un certain idéal de liberté.

La Jacquerie est une école pour les révolutionnaires des villes. La réforme de Turgot ne suffit pas à empêcher la Révolution. Les métiers ne s'agitent qu'après les campagnes. Les cahiers des états généraux ne manquent point de revendications rurales. La misère est plus grande dans les champs que dans les villes. Les droits seigneuriaux ne soulèvent pas moins de haines que la taille, la dîme, la corvée royale, etc.

Si l'on veut rechercher avec impartialité la part de chaque classe dans le mouvement de 1789, on reconnaît que chacune y a concouru selon ses forces et ses souffrances ; philosophes, mécontents de toutes sortes, députés du tiers, du clergé et de la noblesse, artisans, paysans, jusqu'à ces salons sceptiques et corrompus qui s'étourdissaient en plaisirs avant de disparaître, avec la conscience de tout le mal qu'ils faisaient et de celui qui les attendait.

La part du peuple dans la civilisation est sans doute considérable, particulièrement en France où, à l'encontre de ce qui s'est produit en Angleterre, les classes supérieures se sont renfermées dans un rôle guerrier, militaire, chevaleresque, dédaignant les arts, le commerce, abusant des taxes et des privilèges, abandonnant la science aux classes moyennes et perdant finalement tout crédit et toute direction.

Mais cette influence des dessous sociaux s'est très diversement accusée.

Vivant, comme nous l'avons vu, dans des conditions très différentes, le paysan et l'ouvrier ne se comprennent point. De là, une hostilité apparente exploitée par les partis et qui finira par tourner à leur confusion. Car les rapprochements se font en dépit de leurs intérêts misérables.

Il est remarquable que, dès que les campagnes ont perdu la crainte des villes, elles ont voté comme elles. Cela est sensible surtout aux abords des grands centres. Abandonnées à elles-mêmes, les campagnes peuvent représenter l'évolution lente, mais progressive. Elles ne sont plus un élément de réaction, mais de modération. La force de civilisation est en elles autant que dans les autres milieux sociaux, avec l'avantage d'un caractère de constance qui est la condition et la garantie des progrès durables.

III

Nous avons vu que les éléments qui entretiennent la vie sont les mêmes qui la détruisent. En réalité, il n'y a point de principes qui soient des principes de vie, et d'autres principes contraires qui soient des principes de mort. Il existe un certain nombre de principes chimiques, physiques, mécaniques, dont l'association, dans certaines conditions, détermine la mort : l'air, la chaleur, l'électricité, etc... donnent la vie et donnent aussi la mort.

Flourens observe que la quantité de vie sur le globe est sensiblement la même de tous temps. Certaines espèces ont disparu qui sont remplacées par d'autres, et les individus des espèces qui ont survécu sont devenus plus nombreux.

Sans doute aussi, il existe une quantité de biens de toutes sortes, sensiblement la même dans le monde, que les nations et les individus se disputent et déplacent tour à tour dans un mouvement sans fin. Tyr, Carthage, Venise, Gênes, ont été les cités les plus riches. L'Egypte a contenu un instant tous les trésors et étalé toutes les splendeurs. La Perse et l'Inde ont connu une prospérité qui ne se retrouve plus qu'en Amérique ou à l'occident de l'Europe.

On pourrait même considérer que certains biens disparaissent qui sont remplacés par d'autres de nature différente, sans que la masse des biens existants se trouve ni accrue ni diminuée.

Sans les découvertes faites au Cap, le diamant allait disparaître, et l'on prévoit le moment où les mines de charbon pourraient être épuisées.

Où trouverait-on aujourd'hui la pierre des obélisques et des pyramides, le marbre des sarcophages, celui des palais de Sésostris ?

La Chine n'a plus le monopole de la soie, ni l'Amérique celui du coton.

Certaines productions et certaines industries se déplacent. Plus les relations commerciales et industrielles des peuples s'étendent, plus les conditions du travail et des échanges internationaux deviennent délicates à régler. Il suffit d'une mesure de douane pour fausser tout l'équilibre. Cela devient sensible, surtout de notre temps.

Le libre échange a ruiné plusieurs industries et en a créé et développé d'autres.

Les Etats-Unis, qui offraient à l'Europe un de ses plus vastes débouchés, sont devenus tout à coup producteurs et industriels. Ils ont établi des fabriques et tentent de suffire à leur propre consommation. Ils vont jusqu'à ambitionner d'approvisionner les autres marchés.

Mais les barrières qu'ils ont élevées à leurs frontières, si hautes soient-elles, ne les protègent pas complètement. Cette nation jeune, ardente, envahissante, reconnaît, après de coûteux efforts, que la première des règles, en matière économique, est de respecter partout les lois de la production naturelle, d'emprunter aux autres pays les produits que ni le sol, ni le génie industriel, particulier à la race, ne peuvent fournir; de leur vendre ceux que l'on tire sans peine de la terre ou du travail que peuvent fournir ses habitants. Tels ont plus d'aptitude à la culture, tels aux arts industriels, tels aux arts mécaniques, à l'industrie manufacturière, au commerce de marchandises ou d'argent.

Les nations ont un égal intérêt à échanger leurs produits naturels, et il faut toujours entendre par là non seulement les produits du sol, mais ceux des industries professées depuis un long temps, et avec lesquelles chaque race semble s'être identifiée.

Le libre échange, la libre concurrence, peuvent être un stimulant utile, provoquer le renouvellement et le perfectionnement du matériel de certaines industries, abaisser les prix, accroître la production. Mais, outre que ce mouvement porté à l'excès aurait pour résultat l'encombrement du marché, l'abaissement des salaires, l'infériorité des produits, et finalement la ruine de l'industrie, ce stimulant ne modifie pas les conditions, pour ainsi dire physiologiques, de la production dans un pays.

Il demeure vrai que tel pays continue d'être producteur de matières premières, et que tel autre continue d'être producteur de produits manufacturés. La France donne ses vins, ses céréales, l'Amérique son coton, ses peaux, l'Angleterre ses aciers, ses tissus, etc...

Il peut paraître naturel que celui qui produit le coton produise le tissu. Cette apparence doit coûter cher aux États-Unis. L'exemple est précieux. En effet, ce grand pays, après avoir abusé de la protection, se trouve ramené au libre-échange, ou tout au moins à des réductions de tarifs. Il est aux prises avec les difficultés de l'organisation du travail national, qui ne peut être que l'œuvre du temps. Des grèves et des misères qui remuent tout le peuple accroissent ces embarras.

Ainsi, certains pays peuvent vivre de protection et mourir de protection. D'autres peuvent vivre de libre-échange et mourir de libre-échange.

La France, après avoir prospéré sous le régime du libre-échange paraît devoir revenir, en partie du moins, au régime des tarifs. On sent le besoin de relever des industries qui périclitent. La guerre a jeté la perturbation dans les échanges. A cette cause se sont jointes les prohibitions de l'Amérique. L'excès de la production a arrêté la consommation, diminué les prix, les salaires, les bénéfices. De honteuses spéculations, fondées sur les malheurs publics, ont achevé de rendre précaire l'état des marchés.

Sur ces questions, qui intéressent la prospérité des Etats, mais qui affectent aussi un très grand nombre d'intérêts individuels et souvent opposés, les peuples et les particuliers disputent sans pouvoir s'accorder. Les théories risquent beaucoup trop, en pareille matière, de couvrir des intérêts et des passions qui n'ont rien de commun avec le bien public.

Tandis que les ouvriers semblent s'être retranchés dans des revendications d'augmentation de salaire, de diminution des heures de travail, de droits plus étendus d'association, de coalition et de grève, les nations discutent de droits de douane. Chaque classe ne semble voir que son intérêt et en poursuit exclusivement l'âpre satisfaction.

Et il arrive que la classe ouvrière, qui ne sort point de son programme et marche inexorablement au but, obtient des augmentations de salaire, des diminutions des heures de travail, dans des industries que l'excès de la protection ou l'excès du libre-échange ruine également.

Les tentatives de sociétés coopératives, de participations aux bénéfices, n'ont eu jusqu'ici l'effet que de palliatifs insuffisants.

Les oppositions et désaccords restent les mêmes. C'est que tout se tient dans l'ordre économique, dans l'ordre moral aussi bien que dans l'ordre physique. Toutes les parties de l'être social, de l'être moral, sont liées les unes aux autres : instruction, idées, affections communes, amour de la famille, respect de la loi, devoirs réciproques, droits égaux, libertés garanties, bien-être constitué.

La santé du corps social, la paix, l'ordre, le bonheur humain, ne peuvent se rencontrer que dans une synthèse supérieure de toutes les fonctions réglées, de tous les accords établis, de toutes les solutions acquises.

Il n'y a pas que les questions de salaire et de tarifs. Il y a les questions de crédit qui n'ont pas moins d'importance. Depuis longtemps, l'industrie et le commerce souffrent et se plaignent de payer au crédit des intérêts trop lourds, et le peuple revendique le moyen de pouvoir bénéficier, pour sa part et dans la mesure des garanties qu'il peut offrir, du crédit public.

Il n'y a certainement pas plus de droit au crédit qu'il n'y a de droit au travail. Ces formules chimériques ont fait leur temps. Mais ce qui n'est point chimérique, c'est une organisation différente du travail, une organisation différente du crédit, lesquelles seront plutôt l'œuvre du temps que des théories, mais pour lesquelles, toutefois, quelques idées mieux assises et quelque accord préalable ne nuiraient point. La loi du 3 septembre 1807, sur le taux légal de l'intérêt, n'a été encore ni révisée, ni abrogée. Nous ne possédons point non plus la liberté des banques telle qu'en Ecosse. Sans discuter la question de savoir si cette liberté est désirable et si elle serait actuellement en rapport avec notre état économique, ce que nous n'avons point à faire, n'ayant qu'à rechercher les causes de la diversité et de l'opposition des opinions, jugements et croyances qui se rencontrent dans les classes sociales, nous pouvons dire que, malgré les services considérables rendus jusqu'ici par une Banque nationale, la question du monopole ou, plus exactement, du privilége de cette banque est une de celles qui semblent devoir être prochainement abordées.

Tout au moins, l'organisation du crédit par cette banque unique, les conditions dans lesquelles elle reçoit le papier, l'exigence des trois signatures, la fixation par elle du taux de l'intérêt, etc... pourront elles devenir l'objet de quelque réforme utile.

Il existe en Allemagne, et particulièrement en Italie, des banques « populaires » qui prêtent à l'ouvrier, au petit commerçant, rendent des services considérables et trouvent ainsi pour elles-mêmes les éléments d'une prospérité sérieuse. La Banque de Milan mérite d'être citée entre toutes. Fondée par des ouvriers, des commerçants, des employés, avec un capital presque insignifiant, elle s'est développée avec rapidité et est devenue une institution de crédit des plus importantes. L'ouvrier capable, honnête, qui veut s'établir trouve dans ces banques

« populaires » des ressources assurées. Elles contribuent ainsi à diminuer l'envie et par suite la distance qui séparent les classes laborieuses d'une société.

Enfin, une sélection naturelle comparable à celle de Darwin se fait entre les hommes à l'égard de la fortune. Quelque simples et logiques que paraissent les triomphes de la force, alors même qu'ils ne blessent point le droit, ils ne laissent pas que de semer l'envie et de soulever les clameurs.

Une masse de capitaux ou de moyens qui écrase toute concurrence constitue toujours, en fait, un monopole que couvre le nom de liberté.

De même qu'il n'y a qu'un certain nombre de biens existants, que se partagent inégalement les hommes, il n'y a qu'un certain nombre de profits possibles. Il est bien vrai qu'il y a place pour tout le monde sous le soleil : mais les uns en reçoivent la lumière et les autres l'ombre.

Il n'y a point réellement de fortunes. Il n'y a que des déplacements des uns aux autres d'une partie de la masse totale des biens existants. Cette pensée devrait rendre les hommes moins âpres au gain, outre qu'ils jouissent rarement des fruits de leur avidité.

L'héritage, autant que le profit, n'est qu'un déplacement de biens. Ceux qui font de grands profits n'ont, en général, d'autre avantage que de se voir des héritiers. Le bonheur d'être riche n'est sans doute point dans la fortune, mais dans le sentiment de la possession. Ce phénomène explique l'avarice et fait comprendre qu'elle puisse trouver les mêmes jouissances que la prodigalité.

Il faut bien reconnaître que le nombre des emplois est sans proportion avec le nombre des capacités. Proudhon estimait que 50,000 capacités se présentaient chaque année pour 3,500 emplois. Il y a encombrement dans toutes les carrières. N'est-il pas à craindre qu'avec un développement encore plus général de l'instruction cette situation ne s'aggrave dans la suite ? L'encombrement des carrières produit les déclassés qui deviennent des sortes de vibrions infectant le corps social et le détruisant si celui-ci n'a, en lui, la force de les étouffer.

Quels sentiments peuvent agiter l'âme de malheureux lettrés, savants, artistes ou artisans, qui n'ont pu trouver l'emploi de leur demi-science ou de leur demi-talent, qui se tiennent pour sacrifiés et vivent dans la misère et l'envie ! Quels germes de division entre les classes ! On le voit bien quand, dans les jours troubles de la vie des peuples, les passions se montrent sans masque.

L'attraction des centres, des capitales est pour quelque chose dans ces effets. L'homme de la province croit trouver sa fortune dans la grande ville, comme l'Européen croit toujours la trouver en Amérique.

Il y a à Paris des milliers d'étudiants en médecine

et en droit : en médecine plus de six mille, et il y a pénurie de médecins en province, dans les petits centres, dans les campagnes ! Les deux tiers des avocats sont sans procès. Les avoués plaident presque partout devant les tribunaux d'arrondissement et de première instance.

L'homme n'est pas assez attaché à sa commune, à sa terre natale. Il faudrait qu'il y pût trouver les satisfactions et la considération qu'il mérite.

M. le duc de Broglie, dans ses *Vues sur le gouvernement de la France*, a émis, sur ce sujet, des idées justes et recommandables. Il voudrait que dans beaucoup de carrières l'avancement se fit sur place, dans le département ou la région. Il n'y a point que la décentralisation administrative, il y a une sorte de décentralisation intellectuelle et morale qui doit faire que les esprits ne s'amassent et ne s'encombrent plus sur un même point, que les capacités trouvent leur classement, leurs satisfactions de dignité et de juste orgueil, la récompense de leurs services, la confiance de leurs concitoyens sur la terre qui les a vus naître, qu'ils se développent et grandissent sous les yeux de leurs compagnons d'enfance et qu'ils fécondent jusqu'aux extrémités, jusqu'aux replis les plus oubliés du sol national.

Les universités qui vont être créées dans plusieurs centres : Lille, Bordeaux, etc., sont une heureuse tentative.

Avec les besoins croissants de la vie de chaque

jour, s'est développé partout un goût du gain facile qui semble rapprocher et confondre les différentes parties de la société dans la même cupidité et qui, en réalité, provoque entre elles encore plus de désaffection et de désordre.

Les professions ne sont plus honorées qu'à proportion de ce qu'elles rapportent. Celles qui faisaient l'honneur de certaines individualités et de certaines familles n'inspirent plus qu'une pitié honnête. La pauvreté illustre n'est plus même enviée.

Versés dans le commerce, l'industrie, les finances, les entreprises, les exploitations ou les jeux de Bourse, tous se ruent aux profits, aux gains rapides, aux fortunes d'un jour. Aussi que de chutes et de scandales ! Combien n'en faudra-t-il pas encore pour reconnaître que le mieux, quand on manque de génie, est de vivre honnêtement du métier de son père ?

La terre, la plus féconde des sources de richesse et de bonheur pour les hommes, est dédaignée comme ne donnant point un revenu suffisant. L'épargne va se perdre dans les valeurs mobilières, les emprunts publics, s'inquiétant peu du travail national. Ou bien quelque association se forme, qui par la puissance seule de l'argent bouleverse le commerce, le crédit, et dérive sur elle seule les profits nécessaires à la subsistance de plusieurs milliers de familles. La grande industrie tue la petite, les grands magasins ruinent le petit commerce. Les souffrances et les haines vont grandissant.

C'est que la liberté, si précieuse qu'elle soit, ne suffit point à tout dans une société où les forces réciproques ne s'équilibrent point par la culture de l'esprit, des ambitions modérées, des sentiments équitables, des affections communes, des intérêts généraux, des moyens équivalents.

La liberté, d'ailleurs, n'a-t-elle pas ses lois, ses règles, ses conséquences prévues ? Et si chacun est libre d'écraser son semblable par la fortune, ne vaut-il pas mieux que tout le monde vive sans tomber dans la dépendance, et partant dans la haine du prochain ? « *Summum jus, summa injuria.* » Il n'est pas bon d'avoir trop raison. Cela est vrai en commerce autant qn'en droit.

La concurrence, dont l'excès a pour conséquences inévitables l'abaissement des salaires, l'avilissement des prix, l'infériorité de la production, et finalement la ruine générale, ne peut-elle trouver des limites, sinon dans des réglementations, au moins dans le bon sens public, dans l'entente des véritables intérêts de chacun, dans la constitution de mœurs plus honnêtes et plus sages, dans la pratique loyale des industries et professions ? Il y a des chambres de commerce, comme il y a des chambres de notaires, des chambres d'avoués, des conseils de l'ordre des avocats; il y a des chambres syndicales: ces chambres rappellent bien un peu, sinon l'ancienne organisation, au moins l'ancien esprit des corporations. A quoi donc ces corps de commerce songent-ils? Quels intérêts ont-ils en vue de protéger? Quel objet plus important et plus élevé peuvent-ils avoir que de mettre de la justice, de la moralité, de l'ordre et de la mesure dans les transactions humaines? Nous parlions des mœurs publiques et des mœurs privées, les mœurs du commerce sont ce que valent les mœurs publiques et les mœurs privées. L'homme, qui paraît si différent sous les masques que lui fait prendre la société, est de tous les êtres le plus semblable à lui-même. S'il est honnête au foyer, il est honnête au comptoir, à l'atelier, au bureau.

Il faut se demander aussi si la France est bien la patrie de la grande industrie et du grand commerce; si la race, son génie propre, son esprit politique, ses tendances démocratiques et égalitaires, sa fortune et son sol divisés ne permettent pas de penser que ce pays n'est pas plus le pays de la grande industrie que de la grande culture; et, d'une manière toute théorique, s'il n'y a pas plus de conditions de rapprochement entre les classes et de bonheur pour les hommes dans une industrie et une culture moyenne, assurant à chacun son indépendance et sa fortune, permettant d'atteindre à la perfection du produit et à la souveraineté du goût et de l'art?

IV

On peut prédire un temps où les conditions du travail national, suivant les modifications générales des conditions d'existence de tous les peuples, rendront économiquement la société plus dissemblable d'elle-même qu'elle ne l'est aujourd'hui des sociétés les plus anciennes.

C'est un des caractères du développement moderne des sociétés d'accomplir en quelques années, dans les choses, de plus grandes révolutions que celles qu'y apportaient autrefois les siècles.

L'antiquité qui ne connut pas, à proprement parler, l'égalité, ne la concevait qu'avec l'esclavage pour soutien. A Athènes, 40 ou 50 mille esclaves nourrissaient 25 mille citoyens.

L'abolition de l'esclavage dans les États de l'Amérique du Sud et dans les colonies est, en réalité, remplacée par les contrats de louage, qui sont une véritable forme d'asservissement légal ; et un état de choses qui a soulevé tant de justes clameurs et fait répandre tant de sang se continue par la coutume et les mœurs.

Sous les climats extrêmes il paraît difficile de faire sortir l'humanité des conditions de l'animalité. Les rapports de lieux prennent une importance décisive. Les facilités de passage et de communication provoquent des émigrations et des immigrations qui pourraient renouveler la face du monde.

Les Etats-Unis pullulent d'émigrés allemands et irlandais. San-Francisco est envahi par les Chinois. Plus sobres, plus industrieux, plus économes que les Américains, ils apportent avec eux la baisse des salaires et une perturbation économique qui va jusqu'aux bouleversements sociaux et aux révoltes armées.

La fortune prodigieuse de l'Amérique pourrait ne nous avoir causé qu'un étonnement d'un siècle.

L'apparition de la race jaune sur le continent américain est sans doute un plus grand sujet d'étonnement que la prospérité américaine depuis soixante ans. D'autres races rempliront, quelque jour prochain, la scène du monde. Des déplacements politiques et économiques se préparent plus étendus que ceux dont l'histoire a été jusqu'ici le témoin. L'Asie, mise en contact avec l'Europe, peut se réveiller d'un sommeil de huit siècles et jeter dans la vie des peuples des éléments nouveaux dont profiteraient les rapprochements sociaux, après d'inévitables secousses sur l'apparence desquelles les générations présentes pourraient s'égarer un moment autant, par exemple, que les générations de la fin du XVIIIe siècle pouvaient s'égarer sur les conséquences finales de la Révolution.

Il est au sein des sociétés des éliminations nécessaires. Il est des fièvres desquelles un malade résistant sort plus fort et plus vivant. La vie collective peut présenter autant que la vie individuelle des phénomènes nécessaires d'élimination et d'intégration. Ce double mouvement du dedans au dehors et du dehors au dedans, cette assimilation et cette désassimilation continuelles, cette émigration et cette immigration générales semblent une loi des êtres.

La société montre une merveilleuse puissance d'élimination. Tant qu'elle est dans sa force, elle rejette naturellement tout ce qui tenterait de la détruire. Elle ne s'assimile que les éléments de nutrition et de croissance qui doivent la porter à son plus haut point de développement.

Les grandes luttes civiles qui parfois déchirent son sein ne sont que les révolutions nécessaires pour lui faire rejeter avec violence les éléments de destruction dont elle s'est laissé envahir dans un moment d'affaiblissement et de déclin.

Une société qui n'aurait plus la force d'expurger ainsi les vibrions, les bactéridies et, pour ainsi dire, tous les principes fermentescibles et morbides qui la menacent, risquerait de se décomposer et de disparaître. Toutes les violences de la force publique ont pour raison ce besoin de réaction, à peine de destruction, et l'on conçoit aisément la différence que peut mettre dans les jugements la situation de ceux qui portent les coups et la situation de ceux qui les reçoivent.

C'est une erreur de penser que la vie sociale puisse s'exercer régulièrement sans le concours de tous ses éléments constitutifs. Les classes sociales répondent à des organismes différents, et non à un classement arbitraire. Elles sont l'expression de l'inégalité naturelle parmi les hommes. Cette inégalité, qu'il est bon de chercher à diminuer, ne saurait jamais s'effacer complètement, si ce n'est chez un tout petit groupe d'hommes qui formerait à peine une association, et non une société. Il est peu de sociétés plus policées que l'Angleterre. Il n'y en a pas où l'inégalité sociale soit plus extrême et aggrave plus lourdement l'inégalité naturelle.

Les anciens comparaient volontiers l'État au corps humain dont les fonctions passaient pour dépendre d'un centre unique, et ils tiraient de l'ordonnance de ces fonctions et de leur subordination un argument en faveur de la monarchie despotique.

Elle était de droit divin comme le corps humain était de création divine. Même plan, mêmes caractères. C'est toute la philosophie historique et toute la physiologie de Bossuet, par exemple, qui écrit pour un roi.

Or, les travaux les plus récents en physiologie, ceux de Claude Bernard aussi bien que ceux de M. Langendorff, établissent l'existence, dans l'économie, de plusieurs centres de détermination et de coordination des mouvements et des fonctions.

La comparaison ne saurait donc subsister. Le corps humain s'offre à nous sous l'aspect d'une fédération de forces coordonnées et non plus sous celui d'un pouvoir souverain résultant d'une force unique. Le système nerveux se comporte comme une combinaison d'éléments ayant plusieurs centres d'action. C'est une république fédérative et non une monarchie.

L'idée de coordination et d'action réciproque se substitue à l'idée de dépendance et d'unité absolue.

Il est remarquable que cette vue de l'esprit soit le fruit de découvertes récentes qui semblent accorder le développement scientifique avec le développement politique.

Il n'y a point d'organes de luxe dans le corps humain. Chacun d'eux a sa fonction. La rate elle-même a sa fonction, bien qu'on ne la connaisse pas encore d'une manière certaine. Toutes les fonctions concourent à la vie. Il est vrai que certaines fonctions peuvent cesser, certains organes s'atrophier ou disparaître, et cependant la vie peut continuer.

Par exemple, tout le système nerveux moteur peut être paralysé sans que la vie cesse. Dans certains empoisonnements, la vie des principaux organes continue, et grâce à cette circonstance la vie générale peut être rappelée complètement. Dans l'intoxication par le curare, le cœur continue de battre, le cerveau de penser, les sens conservent leurs perceptions claires, et déjà l'animal est mort. Chez certains mammifères, chez le pigeon, par exemple, les lobes cérébraux peuvent être enlevés et la vie continuer. L'oiseau ayant perdu la faculté de se porter au devant de sa nourriture, on lui ingurgite ses aliments, et bientôt le cerveau se reforme par rédintégration et la vie redevient complète.

Nous observons les mêmes phénomènes dans les sociétés humaines. Il n'y a point là non plus d'organe inutile, de classe inutile. Les aristocraties qui se forment aux sommets d'une société peuvent être supprimées un instant, elles se reforment comme les lobes cérébraux de l'oiseau qui en a été privé. La vie a été incomplète un moment, elle se reconstitue et se complète à quelque temps de là. Quatre-vingt-treize abat des têtes mais n'abat pas l'organe. Il se reforme plus fort et plus étendu. Les lettrés, les savants, les artistes, voire même les gens de loisir, rentiers, pensionnés et autres, sont aussi nécessaires que les travailleurs des champs ou des ateliers. Tous concourent à la vie et à la prospérité du corps social. Ils peuvent paraître moins utiles, mais ils ne sont pas éliminables : il faut que les sociologistes en prennent leur parti. Vainement tenterait-on d'éliminer en nous quelques-uns des petits individus qui, après avoir formé notre substance, en vivent allègrement jusqu'à la destruction de l'organisme.

Qui nous assure que nous ne soyons pas, nous aussi, à l'égard de l'éternité et de l'immensité, à l'égard de Dieu même, ce que sont, à notre égard, ces petits individus, ces organismes innombrables et insaisissables qui nous constituent, que nous tenons un moment cohérents, qui forment ainsi notre vie et qui, renouvelés eux-mêmes, nous abandonnent ensuite pour animer d'autres êtres? Qui nous assure que nous ne soyons point plongés dans un liquide insensible et que nous n'y circulions point comme les globules dans le sang humain pour nourrir et agiter l'infini? Et, dès lors, comment quelques-uns d'entre nous seraient ils détruits si nous sommes essentiels à la vie divine?

La Commune de 1871 fusille des généraux, des prêtres, un archevêque, des magistrats. Est-ce qu'elle supprime l'armée, le clergé, la magistrature?

Lorsque le cœur tombe en diastole, il pousse ensuite le sang avec plus de vigueur. Toute réaction suit nécessairement toute action.

Aucune révolution n'a pu encore supprimer un des éléments constitutifs de la société.

La plus grande révolution du monde, la révolution de 89, émancipe l'humanité, crée des droits, fonde des institutions impérissables, relève la dignité de l'homme et met dans ses mains, avec la liberté, l'instrument de son plus haut perfectionnement moral. Mais elle ne supprime aucun organe de la société ancienne.

Sans doute, la société moderne est en progrès sur les sociétés anciennes, mais elle ne fait que les répéter et elle n'en est pas différente dans ses organes essentiels. La nation tout entière était en armes, aujourd'hui une partie seulement de la nation est armée, et encore voyons-nous de tous côtés les gouvernements armer de nouveau tous les citoyens.

Un même homme exerçait les fonctions de juge et d'homme d'armes, ou les fonctions de juge et de prêtre.

Est-ce que ces fonctions ne se retrouvent point parmi nous ? La hiérarchie est presque la même.

Nous retrouvons dans les assemblées provinciales, assemblées de notables, d'élection, de district, de municipalités, presque toutes nos assemblées modernes. Ajoutons que, de même qu'il ne suffit pas à l'homme de posséder un cerveau, un cœur, des nerfs et tous les organes de la vie, mais qu'il lui faut un milieu respirable, pareillement, il faut placer une société daus le milieu qui lui est propre.

De simples modifications dans les propriétés chimiques ou physiques du sang altèrent la vie, provoquent le délire, la flèvre et suspendent ou détruisent la conscience, ce point supérieur d'intersection de tous les phénomènes vitaux et intellectuels ! Certaines révolutions politiques et sociales peuvent emporter une société. Les disputes qui s'agitent et les discussions qui fermentent au sein de l'empire grec d'Orient font autant pour sa chute que l'invasion musulmane. Les prétoriens étouffent Rome autant que les Barbares. La dissociation organique des éléments du royaume de Pologne provoque son partage autant que l'avidité de ses spoliateurs.

Il y a plus encore. Certaines maladies morales paraissent le propre de certaines sociétés, comme certaines maladies physiques, sont le propre de certains climats.

De savants médecins ont essayé une classification, par zone géographique, des maladies qui affligent la terre [1]. Il serait intéressant de rechercher le mal moral propre à chaque peuple suivant l'embryogénie et la morphologie sociales.

Ce qui est constant, c'est que, dès que l'équilibre minimum entre tous les éléments constitutifs de la vie se trouve détruit, la mort survient inévitable.

Le privilège de l'humanité est de n'avoir pas seulement charge de conservation, mais de perfectionnement. Le temps seul est pour l'espèce et pour l'individu une cause inconsciente de perfectionnement. Tous les êtres se conservent jusqu'à leur mort. Leur perfectionnement semble être unique-

[1] V. Hirsch, *Géographie médicale*. — Le docteur Armand Arnaud, *Traité de climatologie générale du globe*.

ment dans leur croissance. De ce sommet de leur développement nous les voyons décliner jusqu'à leur fin. L'homme, au contraire, nous apparaît dans un développement continu. L'image de la perfectibilité humaine serait un vieillard qui, en s'approchant de la tombe, aurait grandi en raison et en moralité. L'homme puise les éléments de ce perfectionnement en lui-même et dans le milieu social. Pour le plus grand nombre, c'est un effet de rayonnement social. Les plus faibles sont naturellement les plus dépendants de leurs semblables et de leur siècle. Les puissants se développent en empruntant plus à eux-mêmes qu'au fonds social.

Je remarque que la plus grande force humaine est dépensée à la conservation, et la plus faible au perfectionnement. La société se croit quitte après avoir pourvu à la conservation générale. Combien travaillent seulement pour vivre et ne supporteraient pas d'autre peine ?

Le travail ouvrier, nutritif, pour ainsi parler, apparaît là encore comme la cause organique des différences de développement et de moralisation. Le travailleur, l'artisan, travaille pour sa propre conservation dans la proportion de 90 pour 100 par rapport au travail utilisé à son perfectionnement.

C'est la proportion inverse pour les classes élevées chez qui la conservation est assurée par la fortune.

Elles ont 80 pour 100 de leur temps et de leur travail à fournir à leur culture et à leur perfectionnement moral. Aussi bien sont-elles damnables et condamnables lorsqu'elles tournent ces forces en réserve à leurs plaisirs et à leur destruction, car ceux qui ne bénéficient de l'arrangement des choses sociales que dans la faible mesure que nous venons de montrer avancent sûrement et pourraient distancer, avec le temps, ceux qui, n'éprouvant pas le besoin de la lutte pour l'existence, ne savent point désirer et conquérir les supériorités morales.

On dit communément qu'il faut instruire et moraliser le peuple. Il n'est pas moins nécessaire d'instruire et de moraliser parallèlement la bourgeoisie et l'aristocratie. Le rayonnement social se fait de haut en bas plutôt que de bas en haut. L'éducation du peuple est entre les mains des classes dirigeantes. Le régime représentatif est une oligarchie véritable ayant pour principe le nombre et pour résultat quelques-uns.

La loi de la conservation et du perfectionnement combinés est dans un moindre écart entre les forces absorbées par la lutte pour la vie et les forces absorbées par la culture morale.

On peut juger une société sur cette proportion. Diminuer la part du travail nourricier, augmenter celle du travail moral, constituer, par une égalisation plus grande des charges et des avantages sociaux, des loisirs suffisants pour permettre à l'homme une plus large culture et un perfectionnement moral plus élevé, c'est assurer l'accord social et la grandeur humaine dans leur plus heureuse et leur plus noble expression.

LIVRE III

CAUSES PARTICULIÈRES, ORGANIQUES ET FORMELLES, D'ORDRE INDIVIDUEL ET D'ORDRE COLLECTIF

CHAPITRE PREMIER

DE LA NATURE DE L'ESPRIT ET DE LA NATURE DES SENTIMENTS

Les rapports préétablis entre la nature physique et la nature morale sont si étroits, si particuliers et si constants que nous pourrions assigner à chaque tempérament physique un tempérament moral correspondant. Il n'est pas douteux qu'un tempérament à la fois sanguin et nerveux, bien équilibré, chez lequel la circulation est active et régulière, produit nécessairement des idées vives, claires, rapides, et met la bonne humeur dans le caractère.

Un tempérament exclusivement bilieux ne peut produire qu'un esprit et un caractère chagrins.

Il faut une bien grande force morale pour dominer un tempérament, et peu d'hommes la savent montrer.

Pour se mieux rendre compte de la différence des jugements et des sentiments, il est nécessaire de rechercher les causes particulières de cette différence dans la nature même de l'esprit et des sentiments.

L'observation la plus générale que nous puissions faire est précisément que la diversité des choses est universelle et semble infinie.

S'il n'y a pas deux feuilles qui se ressemblent exactement, il n'y a pas non plus deux types, deux esprits, deux caractères qui puissent être confondus absolument. Et nous ferons ressortir ici, une fois de plus, la supériorité du monde moral sur le monde physique. Tandis que toutes les combinaisons imaginables ne pourraient produire deux individus absolument semblables, l'éducation et l'instruction des esprits, la vie morale commune, les mœurs publiques, le progrès social arrivent à former des idées et des sentiments semblables et, par des idées et des sentiments semblables, des esprits et des caractères qui pourraient être confondus. Seuls, quelques hommes de génie émergent de loin en loin, proclamant par des œuvres puissantes l'individualité humaine, encore bien plongent-ils par la racine dans le fonds commun qui les a nourris et formés.

Une observation moins générale, et que nous devons faire en seconde ligne, est que la nature de l'esprit et la nature des sentiments sont dans un rapport constant.

Condillac, Locke et leurs disciples n'admettent point que nous concevions des idées autrement que par les sens. C'est confondre l'idée avec la sensation, l'esprit avec le sentiment ; c'est dire que l'esprit et le sentiment sont entre eux dans un rapport tellement simple que ce rapport doit être exprimé par zéro. Nous disons qu'ils sont entre eux dans un rapport constant, mais non dans un rapport simple. Ce rapport particulier résulte lui-même du rapport plus général qui a été observé entre la nature physique et la nature morale.

La sensation du froid nous donne, selon Condillac, l'idée du froid. Mais la sensation de l'extrême froid et la sensation de l'extrême chaud sont la même. Une température de 200 degrés au-dessous de zéro et une température de 200 degrés au-dessus de zéro produisent également la désorganisation des tissus. Comment donc distinguer dans les températures extrêmes, sans autre élément de connaissance que la sensation ?

Aux températures élevées de l'intelligence, si je puis dire, il faut aussi d'autres éléments de vie et de connaissance. Aucune sensation n'a jamais pu donner une idée générale. L'idée de droit ou de justice ne peut pas même naître de la vue d'un échafaud, car la tête qui tombe peut être celle d'un innocent; et il n'y a pas de sensation qui puisse nous apprendre qu'il est juste de punir de la mort celui qui l'a causée.

Un certain nombre d'idées concrètes, toutes contingentes, peuvent avoir pour origine ou pour cause excitatrice des sensations définies. Les idées générales, absolues sont le fruit naturel de la raison pure. Les idées naissent des idées. C'est une patrie supérieure où la sensation ne peut rien. Au-dessous, se rencontre le domaine limité des idées concrètes, nées de la sensation immédiate: effet simple du rapport qui nous lie au monde extérieur. Nous concevons ainsi certaines idées, pour ainsi dire, sans nous donner la peine de penser. Il nous faut, au contraire, l'effort de l'esprit pour passer au degré supérieur des idées générales. Ne possèdons-nous point le pouvoir de nous isoler, par la pensée, du milieu où nous sommes plongés, de vivre absorbés en elle, et ne sommes-nous point, en cet état, étrangers à toute sensation?

Le nombre des idées concrètes est d'ailleurs plus réduit qu'on ne penserait. Ces idées sont limitées aux objets qui les déterminent. C'est à proprement parler le domaine des idées générales, qui est le véritable milieu de l'intelligence, lequel peut être dit infini.

Les hommes ne disputent point des idées concrètes. Le froid est le froid et le chaud est le chaud. Une table est une table et une maison est une maison. Mais les notions de cause, de temps, d'espace, la paix, la guerre, la patrie, l'humanité, la justice et beaucoup d'autres idées générales arrêtent ordinairement la pensée et entretiennent entre les esprits l'éternel débat qui fait leur honneur et leur force ; car c'est par l'accord progressif qui s'établit entre les esprits sur ces grandes questions que se transforme et s'accomplit le monde.

Plus un esprit prend de vigueur, plus il s'affranchit de la sensation. Il arrive à créer lui-même autant de sensations qu'il en a besoin pour exciter sa pensée. Cette excitation nécessaire à certains artistes et à certaines œuvres d'imagination se fait par l'habitude, d'une manière simple, qui rend le monde extérieur pour ainsi dire inutile. Le philosophe, le métaphysicien n'a pas même besoin de ce genre d'excitation. Chez lui la pensée engendre la pensée sans aucun autre secours.

De là une distinction fondamentale entre la nature des esprits qui se retrouve harmoniquement dans la nature des sentiments.

Il y a les esprits qui pensent par l'effet du milieu cosmique ou extra-organique qui leur est particulier. Il y a les esprits qui pensent à la fois par l'effet du milieu extérieur et par celui du milieu intra-organique. Il serait impossible d'expliquer autrement les penseurs, les métaphysiciens. Descartes, Leibnitz, Kant trouvent les éléments de leurs pensées un peu extérieurement et beaucoup en eux-mêmes. Une proposition de cette force : « Je pense, donc je suis, » ne se rencontre dans aucun milieu autre que celui qui est propre au génie qui s'en est avisé. C'est plus qu'une proposition philosophique, c'est la création de tout un ordre intellectuel et moral. Il y a donc les esprits à idées concrètes et les esprits à idées générales. Cette distinction explique la nature des sentiments, lesquels procèdent d'idées concrètes ou d'idées générales.

Dans l'ordre inférieur des esprits, dans le domaine des idées concrètes, les sentiments sont passagers, peu durables ; les caractères légers, mobiles. Les individus sont dans la dépendance de leurs sensations, peu maîtres de leur langage et de leurs actions. Dans l'ordre supérieur des esprits à idées générales, les sentiments sont profonds, durables, les caractères sérieux. Les individus montrent de la noblesse dans leurs discours et dans leurs actes.

Lorsque l'équilibre est détruit au profit de l'intelligence, la sentimentalité diminue. La réflexion tue l'action. L'excès de la pensée met trop de prudence dans les actes. L'individu est difficilement affectible. Ici, le « *nihil est in intellectu quod non ante fuerit in sensu,* » se trouve renversé. La personne humaine n'est plus émue que par le cerveau. On remarque chez elle une vue claire, une prudence extrême, une volonté sans embarras. Elle est parfaitement maîtresse d'elle-même. L'imprévu sensible ou douloureux la frappe pour ainsi dire à la tête, et elle n'est émue qu'après avoir conçu son émotion.

De grands penseurs, d'illustres hommes d'État, certaines personnalités distinguées ont donné et donnent l'exemple d'une telle force. Ils y trouvent le repos nécessaire à leurs études, un rempart contre le flot des choses humaines et parfois la longévité elle-même. Heureux effet de l'égoïsme sans lequel ne vont point de telles natures. Mieux vaudrait peut-être plus de cœur et moins d'esprit.

Mais on voit quelle diversité doit mettre dans les jugements, dans les opinions, dans les sentiments la nature des esprits.

CHAPITRE II

DES IDÉES QUE L'ON SE FORME SUR LA VIE. — INFLUENCE DES SITUATIONS SOCIALES SUR CES IDÉES. — CONSÉQUENCES.

I

Parmi toutes les idées qui occupent l'esprit humain, celle qui revient le plus souvent et qui met le plus de différence dans les opinions et les sentiments des hommes est l'idée que chacun se forme de la vie.

Dès que l'homme est seul et qu'il se prend à rêver, sa destinée lui apparaît comme le problème supérieur, comme celui qui comprend tous les autres. Cet inconnu désole sa pensée. Il ne sait pas ce qu'est la vie, ni pourquoi il vit.

« Il est bon de comprendre clairement, dit Malebranche, qu'il est des choses absolument incompréhensibles. » Et cela même n'est pas compris de beaucoup.

Y a-t-il, en effet, des choses incompréhensibles, que la science, cette grande lutte de l'homme avec la nature, ne puisse un jour expliquer?

Qu'est-ce que la vie et quelle idée s'en fait-on? Qu'advient-il de nous après cette existence terrestre? On sent que la conduite des hommes devra être fort différente selon l'idée qu'ils en auront.

La vie est-elle simplement, comme le pense Bichat, « l'ensemble des fonctions qui résistent à la mort ». Les phénomènes de la vie sont-ils uniquement des phénomènes physico-chimiques, ou dépendent-ils d'un principe vital particulier?

« Aucune raison physique, prise, soit à la matière, soit aux mouvements de la matière, dit Stahl, n'explique non seulement pourquoi ces mouvements cessent dans un espace de temps limité, mais même pourquoi ils cessent jamais. » (Littré, *la Science au point de vue philosophique.*)

La vie est-elle, comme dit Kant, « un principe intérieur d'action, » qui ne différerait point des archées de Paracelse et de Van Helmont, de l'esprit recteur, du médiateur plastique du moyen âge? Ou bien la vérité est-elle dans l'animisme de Stahl ou le vitalisme de l'école de Montpellier qui, contrairement à Stahl, distingue le principe de la vie de l'âme elle-même, mais admet, avec lui, une force vitale particulière agissant en dehors des lois physiques, chimiques et mécaniques ?

Il nous est bien difficile de concevoir la vie en dehors des conditions physiologiques qui lui sont propres. Tout ce qui existe, corps bruts ou animés, est soumis aux mêmes lois. Il n'y a pas deux mécaniques, deux physiques, deux chimies. Lavoisier a démontré expérimentalement que la respiration et la combustion minérale sont des phénomènes semblables. La production de chaleur se manifeste selon les mêmes principes dans la matière organique et inorganique. Sans oxygène, il n'y a ni respiration ni combustion possibles. En dehors des lois de gravitation, de pesanteur, il n'y a point d'équilibre possible. Les propriétés de la matière font l'objet de l'étude des savants, et c'est dans ces propriétés et non en dehors d'elles qu'ils voient la vie et le mouvement.

Il est constant, cependant, que ces propriétés jointes aux conditions propres à la vie ne donnent point de la vie même une explication qui satisfasse l'esprit.

Cette grande découverte, ce grand fait, cette grande loi que rien ne se perd dans le monde, ni en matière ni en force, peut expliquer la reproduction des êtres, leur succession indéfinie, leur substitution même ; elle peut faire que l'homme conçoive que sa substance, empruntée à la matière organique ou inorganique, se reconstitue et que ses échanges atomiques se produisent entre tous les êtres en dehors même de notre planète.

Nous pouvons admettre que la quantité de vie sur le globe et hors le globe soit une quantité déterminée et fixe; recevoir pour vrai, comme tend à l'établir Flourens, qu'en conséquence les espèces disparues se retrouvent en égale quantité de vie dans les espèces subsistantes composées d'individus plus forts et plus nombreux. Nous pouvons méditer les travaux de Humboldt et d'Arago, comparer la vie des éphémères à la nôtre et la nôtre à celle des animaux à longue vie, ou même à celle des astres qui, comme le remarque M. Faye et comme le pensait Démocrite, n'ont point toujours existé et auront aussi leur déclin ; tirer de ces comparaisons les inductions les plus ingénieuses et les plus osées, considérer l'ensemble de l'univers comme un échelonnement des êtres en perpétuel échange de matière, comme une transformation incessante des espèces et des individus, comme la forme ou l'être nécessaire résultant des phénomènes et des lois que nous observons. Nous n'avons rien expliqué, et la vie continue de nous échapper.

Le déterminisme de Claude Bernard n'explique rien davantage. Il le reconnait lui-même avec sa bonne foi de grand et noble savant,

Les germes, les cellules, les ferments sont des agents particuliers aux êtres vivants. Mais la propriété évolutive de l'œuf, la force évolutive de l'être n'est ni de la physique, ni de la chimie [1].

La philosophie *a posteriori*, malgré ses procédés ingénieux et l'exactitude de sa méthode, demeure aussi impuissante que la philosophie *a priori* dont, il faut bien le dire, la science positive n'a fait jusqu'ici, dans la plupart des cas, que confirmer par l'expérimentation les vues théoriques.

Le principe d'association (*association psychology*), le principe d'évolution ne suffisent point. Th. Bain, S. Bailey, Herbert Spencer, Mill ou Lewes ne nous satisfont pas plus que W. Hamilton, Mansel ou Ferrier. Le secret de la vie est expliqué plus ou moins ingénieusement, il n'est pas *découvert*. Et cependant il faut reconnaître que jamais de grands esprits ne furent plus sur le chemin de cette découverte. Ces idées nouvelles nous portent en avant et nous rapprochent certainement de la vérité que nous ne devons point désespérer d'atteindre.

Pour le moment, aucune philosophie, excepté peut-être la philosophie spiritualiste, ne nous donne d'affirmation sur notre vie et notre destinée future.

En cela, la philosophie spiritualiste a, comme les religions, ce grand avantage de fournir des idées toutes faites qui suppriment la recherche et substi-

[1] Voir *Problèmes de la physiologie générale*. Définition de la vie. — *Recherches sur les propriétés des tissus vivants*. (Claude Bernard.)

tuent la foi au raisonnement. Le plus grand nombre s'en accommode facilement et c'est là, sans doute, une des forces qui soutiennent les religions. Elles ont réponse à tout et satisfont les masses, qui paraissent devoir manquer longtemps des facultés et des loisirs nécessaires à la science et à la philosophie.

Le besoin pour l'homme d'être fixé sur l'inconnu de la vie et de ce qui la suit est si puissant qn'il y faut une satisfaction quelconque.

Ceux qui ne sont point croyants et qui discutent les réponses faites par les dogmes, se forgent ordinairement quelque croyance à eux.

Les plus sceptiques même témoignent d'une espèce de foi dans leurs solutions et imaginations personnelles.

Cette division à l'infini des esprits sur cette matière, cet individualisme outré tiennent sans doute à l'inacceptabilité de certaines doctrines et de certains dogmes, trop ouvertement en désaccord avec l'état d'avancement des sciences.

Les uns croient à la métempsychose pure et simple. D'autres, à une sorte de métempsychose d'individus à individus dans la même espèce. Un écrivain, à la fois savant et artiste des plus éminents, deux fois membre de l'Institut, me confiait qu'en touchant le sol de la Grèce, à la vue d'Athènes et de l'Acropole, il avait éprouvé une émotion profonde. Les larmes coulaient de ses yeux, il lui semblait revoir sa patrie. Rien ne lui paraissait nouveau, ni étranger. Il avait comme le sentiment qu'il revivait et se retrouvait après deux mille ans. D'autres âmes sensibles et distinguées ont éprouvé des émotions semblables, dans des circonstances semblables.

De même qu'il n'y aurait sur le globe qu'une quantité de vie déterminée, il n'y aurait aussi qu'une quantité d'âme déterminée, qu'épuiseraient les hommes successivement, ou il n'existerait qu'un certain nombre d'âmes qui à travers les siècles, parfois, se ressaisiraient. Ne devrait-on pas plutôt admettre que certaines âmes seules deviennent assez puissantes et assez méritantes pour acquérir l'immortalité comme la récompense supérieure de leurs œuvres? Cette idée ne s'accorde-t-elle pas mieux avec la perfectibilité humaine et ne donne-t-elle pas à la vie un principe d'action et un but plus élevés?

Toutes ces hypothèses sont permises tant qu'aucune réponse positive ne peut être faite à ces grandes questions. Mais on voit que pour la conduite de la vie il n'est pas indifférent d'accepter telle solution plutôt que telle autre. Quels jugements, quelles opinions, quels sentiments dirigeront celui qui n'admet aucune sanction morale? Qui ne pense pas tenir dans la vie un rang plus élevé que la brute? Qui ne croit qu'à ce qu'il voit et ce qu'il touche, et nie ce qui n'est ni tangible ni matériel? Qui n'imagine point une autre vie que celle-ci? Qui ne voit dans la vie qu'un fait et dans la mort qu'un autre fait? Pour qui le fait s'explique par le fait, et qui se contente de l'accident? Quel accord pourra s'établir entre lui et ceux qui pensent tout le contraire?

On pourrait dire que cette cause de division n'affecte que les classes les plus élevées, les penseurs, les savants, les artistes. Il n'y a point de petite cause de division dans une société. Cicéron a dit excellemment que l'amitié était dans l'accord des esprits sur « les choses divines et humaines ».

Dans une société forte, tous les hommes devraient être dans ce rapport d'amitié. La science ne profite pas de la division et de la diversité, tandis que la société y perd beaucoup.

La science est à l'état embryonnaire, son avancement est dans la soif de l'inconnu, dans les efforts des savants, dans la nature même des choses.

Il n'y a rien à attendre de la division des esprits, ni de la diversité des croyances.

« Un peu de science éloigne de Dieu, a dit Bacon, et beaucoup y ramène.» Je ne concevrais pas un savant qui n'aurait point foi dans l'inconnu. Ce serait la négation de la science même. Si la science ne diminue point progressivement la part de l'inconnu dans les choses, elle n'est rien. Pourquoi cette part d'inconnu ne pourrait-elle un jour être réduite à zéro?

Après avoir trouvé Dieu en lui, l'homme le

cherche et le trouve dans les choses; et c'est la science qui le proclame.

La science est une religion qui se forme.

Sans doute il faudra toujours une religion à un peuple. Mais un peuple de savants n'aurait pas d'autre religion que la science.

II

Si nous devions faire une classification des idées que l'on se forme sur la vie dans chaque classe de la société, nous accorderions que les classes élevées présentent ce caractère d'être très croyantes, très religieuses, très pratiquantes : ou très sceptiques, très individualistes.

En cela, elles ressemblent absolument aux classes inférieures. Les extrêmes se rapprochent. Les classes moyennes seules présentent un mélange très hétérogène de croyances courantes, qui ne s'écartent de l'orthodoxie pure que dans la mesure qui fait nécessairement de nous des hommes de leur temps.

Nous confondons ici, à dessein, les idées que l'on se forme sur la vie avec le sentiment religieux, et nous continuons d'entendre par idée sur la vie, tout ce qui se rapporte à la vie présente, à la spiritualité et à l'immortalité de l'âme, à la vie future et aux croyances particulières sur ces grands objets. Il est manifeste que selon que chacun admet après la vie, le pur néant ou une vie continuée ; sa conduite, toutes ses idées, toutes ses opinions tous ses sentiments moraux ou religieux se subordonnent malgré lui à la solution qu'il a adoptée ou à la conscience vague formée en lui. Car, beaucoup, même parmi les bons esprits, se découragent dans leurs recherches, ne concluent pas et se laissent diriger par cette conscience flottante dont nous parlons et sur laquelle l'accident de la vie de tous les jours n'a que trop de prise.

Les idées de soumission, d'humilité, de récompense future favorisent certaines inégalités naturelles ou établies et à l'origine des sociétés chrétiennes elles durent être d'un grand secours pour l'établissement de cette hiérarchie universelle que représentait l'Église et qui s'imposa aux états politiques.

On retrouve ces idées chez quelques populations rurales ou même ouvrières ; mais elles vont sans cesse s'effaçant. Une morale, pour ainsi dire purement humaine et purement civile, tend à se substituer dans toutes les classes de la société, aux croyances et aux pratiques religieuses et à passer un même niveau sur toutes les âmes. Au lieu de se considérer comme nativement déchu et subordonné, l'homme éclairé se rend compte des conditions du travail et de l'organisme social. Il se résigne à remplir la place que la naissance ou la fortune lui a marquée, ayant conscience qu'il dépend de lui d'en sortir ou d'y être maintenu. Il voit de toutes parts des hommes semblables à lui, travaillant sous des lois qui lui garantissent une égale liberté et une égale justice. A la place d'une conscience religieuse, la seule peut être que nous rencontrions aux premiers âges des sociétés, une conscience pour ainsi dire civile et politique, une conscience sociale se forme et se développe en lui. Ses droits de citoyen lui suffisent, ses devoirs ne lui paraissent point au-dessus de ses forces, il les accepte et essaiera de les remplir. Il entrevoit, dès ce monde, des satisfactions, des jouissances, une récompense qui toutes lui viendront de l'homme.

Et l'homme lui suffit. Il a la religion de l'homme. Un accord social très puissant peut se former ainsi et il est désirable qu'il se forme, opposant la résistance d'une moyenne, qui comprend presque la masse entière, aux ébranlements dont aucune société n'est garantie.

La dispute philosophique demeurera le privilège de quelques hauts esprits qui continueront de spéculer sur ces grandes questions jusqu'au temps où ils pourront ouvrir à l'humanité des vues et des destinées nouvelles.

CHAPITRE III

DE LA RECHERCHE ET DES CONDITIONS RELATIVES DU BONHEUR DANS LEURS RAPPORTS AVEC LES DIFFÉRENTES PARTIES DE LA SOCIÉTÉ.

Il n'y a pas d'homme qui ne recherche le bonheur bien que le petit nombre de ceux qui le possèdent l'aient trouvé sans l'avoir cherché. Il y faut tant de conditions. Des conditions d'ordre général et des conditions d'ordre particulier. Le bonheur des grands n'est pas le bonheur des petits. Le bonheur demande aussi son éducation. Il est des choses dont il faut avoir appris à jouir. Un homme du peuple, qui n'est point misérable, ne souffre point de la médiocrité de sa condition. Un grand seigneur qui manque de superflù, meurt de faim. Bien que le bonheur ne soit point dans la fortune, il est constant qu'à mesure qu'on s'élève dans l'échelle sociale elle en devient la première condition. Les femmes seules savent mépriser l'argent et mettre de la sincérité dans leurs passions. Il est vrai, qu'à moins de partager la condition et le travail de l'homme, elles n'en peuvent connaître le prix. Dans les hautes classes les femmes ne partagent ni la condition, ni le travail de leurs maris. Aussi bien se font elles le plus souvent une condition à part. Là, le bonheur devient personnel, intime. Parfois, l'âme s'agite et travaille pour ainsi dire à vide. Les plaisirs ne lui servent plus qu'à s'étourdir. Le doute, le désespoir provoquent bientôt tous les désordres. Il n'est pas dans la nature du bonheur d'être partagé en dehors du partage de toutes les conditions ordinaires de la vie.

Les âmes nobles n'ont que l'ambition du bonheur. Ce sont celles qui aiment et celles qui souffrent. Les plus rapprochées du bonheur sont aussi les plus rapprochées du malheur. Le plus grand nombre poursuit la fortune, les honneurs, les satisfactions d'amour-propre ou d'orgueil et s'agite dans la mêlée confuse des intérêts contingents, et des passions du moment.

Apparemment il y a là aussi, selon la nature et la condition de chacun, une sorte de bonheur. Cependant les désenchantements sont nombreux, les désespoirs violents, les crimes et les suicides fréquents. Le mal social est manifeste.

On dit communément : « Chacun arrange sa vie

à sa façon. » Je le veux bien. Mais il y a la bonne et la mauvaise façon. Pourquoi si souvent la mauvaise et si rarement la bonne? Tout se tient, en morale. Toutes les causes sont liées et par suite tous les effets s'enchaînent. Si on était d'accord sur les croyances, sur les jugements, sur les affections, sur les sentiments, sur le véritable bien et sur le véritable honneur, nous verrions moins de désordres. Quel spectacle et quel exemple que celui de ces fortunes rapides fruit du jeu et de l'usurpation, et de ces chutes plus rapides encore! Quel enseignement pour ceux qui souffrent et ne veulent rien devoir qu'à leur travail! Et pourquoi voyons-nous honorés des hommes que nous condamnons dans nos consciences? Que d'hypocrisie et de lâcheté dans les relations mondaines! Nous ne savons plus appeler « un chat, un chat; et Rollet un fripon ». L'énergie nécessaire pour les grandes choses, la sincérité qui soutient l'énergie par le témoignage et l'encouragement de la conscience ne se rencontrent que rarement.

Stendhal préférait les caractères italiens aux caractères français et les mœurs énergiques et brutales des siècles précédents, aux mœurs adoucies de celui-ci, Il trouvait chez les hommes et surtout chez les femmes d'Italie ce qu'à fort bon droit, il recherchait et admirait le plus dans un caractère: la sincérité et l'imprévu, quelque chose de franc et de spontané qui ne connaît point la règle, ni le convenu et montre, en toutes choses, le naturel.

Cet esprit si observateur et si original avait horreur des éducations françaises. Aussi bien trouvait-il que l'éducation éloigne chez nous des conditions d'un bonheur sensé.

Il est constant que l'éducation et le bonheur ne sont point sans rapports. Ceux qui ont eu le malheur d'être élevés dans des conditions et des habitudes au-dessus de leur rang en pourraient témoigner.

Nombreuses sont les victimes de cette pratique immodérée qui met le bonheur dans le superflu de la vie et accroît fictivement ses désenchantements naturels. Il fait assez dur vivre à tous pour que chacun se modère et borne ses appétits. La loi de Malthus, qui n'est point rigoureusement vraie, exprime une tendance positive et, à moins que le bonheur humain consiste à être dévoré, force nous est de tenir compte du prochain.

La science de la vie est certainement la plus difficile de toutes : car elle est la seule qui ne s'apprenne point. Il existe relativement beaucoup de lettrés, de savants, d'artistes, de gens d'un esprit et d'un commerce distingués ; il existe très peu de gens qui sachent mener la vie et, par une contradiction qui s'explique, ce ne sont pas les plus savants qui se montrent les plus sages.

En matière de bonheur, tout le monde est enfant. Il semble que dès que sa personnalité est en cause l'homme perd le sens. Nous ne jugeons bien que les autres. Il nous est impossible de nous saisir et de nous retenir, pour ainsi dire nous-mêmes, dans un rapport d'ensemble. Nous échappons toujours par un côté à l'empire le mieux exercé. La volonté est, en cela, toujours au-dessous de la nature. Ainsi l'homme est le plus souvent malheureux par sa faute et en vérité il n'y a pas beaucoup de compassion entre les hommes. Ils ont sans doute conscience, par ce qui leur arrive, du défaut qui fait le malheur de leurs semblables.

Il est cependant des conditions qui semblent disposer tout naturellement au bonheur : une santé résistante, des goûts simples, des travaux modérés, un bien-être assuré, des affections qui ne trompent point, une compagnie peu nombreuse, point d'ambition, une conscience satisfaite et l'estime de ses amis. Voilà qui est bien rare sans doute mais qui cependant se rencontre.

Cette « *aurea mediocritas* » est difficilement réalisable. Elle serait pourtant le dernier mot de la sagesse.

D'autant que ces conditions peuvent être réunies à tous les degrés de la société. Si le bonheur est moins rare peut-être dans les rangs de ceux dont la vie est plus simple, il n'est cependant point nécessaire d'être savetier pour faire envie à un financier ; et il n'y a point de clause d'exclusion contre ce dernier dans les desseins de la Providence.

Il est vrai qu'on ne chante plus et que la chanson égaie le chemin de la vie, allége la peine du travail. Seuls, en effet, les hommes du peuple savent encore chanter. L'ouvrier qui se rend à l'atelier, le laboureur dans son champ redisent une vieille chanson. Ils oublient le temps. Ils oublient le monde.

Fourier se montrait philosophe lorsqu'il parlait de travail attrayant Le bonheur chez les classes laborieuses ne saurait aller sans le travail attrayant, c'est-à-dire sans le goût du métier et les conditions les plus satisfaisantes pour l'exercer.

Mais, quoi qu'il en soit, le bonheur demeurera une question individuelle plutôt qu'une question de groupe ou de classe. Il faudrait pour en éclairer tous les points et tous les exemples que cette science que Stuart Mill appelle l'éthologie, ou science des caractères, fût constituée.

Car le caractère a plus de part que l'éducation ou le rang social dans le bonheur de chacun.

Il y en a pour qui, en dépit de tous les biens qu'envient le plus les hommes, ces mots de Parménide résumeront toujours toute philosophie : « Le plus grand bonheur est de ne pas naître, ensuite de mourir dès qu'on est né. »

CHAPITRE IV

DE L'INTÉRÊT OU UTILITÉ. — RAPPORTS DES INTÉRÊTS PARTICULIERS AUX INTÉRÊTS GÉNÉRAUX.

I

L'intérêt ou utilité a sa source dans les besoins de l'individu. Ce que l'on nomme égoïsme n'est que l'intérêt d'un seul, préféré à l'intérêt d'un plus grand nombre, le plus grand nombre ayant paru de tout temps mériter de l'emporter sur le plus petit. Encore bien ne faudrait-il point confondre l'égoïsme avec l'amour de soi, qui ne saurait tenir compte du nombre, lequel peut être ordinairement plus intéressant que l'individu, mais qui parfois ne le vaut pas.

Rien ne divise et ne rapproche plus les hommes

que l'intérêt ou l'utilité. Sans société, c'est-à-dire sans liens entre eux, on ne pourrait guère concevoir les hommes qu'à l'état de guerre. La société leur rend ce service de créer parmi eux des intérêts communs. Les intérêts particuliers naissent de la nature des choses et sont entretenus par un commerce de tous les moments. Les conflits sociaux naissent de l'opposition des intérêts généraux avec les intérêts particuliers. L'œuvre du temps sera d'identifier de plus en plus les intérêts particuliers aux intérêts généraux.

II

Il y a lutte pour la vie chez tous les êtres. Mais il n'y a égalité, ni entre les ordres, ni entre les classes, ni entre les espèces, ni entre les individus. Faut-il admettre avec Wallace et même avec Darwin que l'utilité « même directe et personnelle » soit le principe de la sélection, et par conséquent, de l'évolution même ?

Qu'on l'appelle utilité, ou instinct, comme Hartmann, cette force, dont Hobbes avait déjà fait le principe des sociétés, n'est certainement pas unique et n'explique que ce quelle contient, c'est-à-dire une part seulement de la vérité. L'utilitarisme de Hobbes et de Hume serait une loi d'égoïsme, d'exclusion et finalement de despotisme et d'injustice.

L'utilitarisme de Stuart Mill serait, au contraire, une loi de charité, de dévouement, de liberté et de justice, et, si en réalité, le véritable intérêt est, selon ce que nous pensons nous-même, de se dévouer à ses semblables, de respecter leurs droits, de travailler à leur bonheur; nous ne voyons plus la différence qui mérite de subsister entre des écoles qui, sous des noms différents, proclament les mêmes principes.

III

En raisonnant dans l'absolu, il suffirait que chacun eut une conscience claire que son plus grand intérêt est dans le bien des autres, pour obtenir une sécurité parfaite.

C'est presque même chose que de développer parmi les hommes des intérêts communs ou des affections communes. La fraternité universelle doit corriger l'inégalité universelle. Les affections de sexe, de famille, sont communes. Les affections de classe le sont moins, les affections d'espèce moins encore. Il en est de même pour les intérêts.

On se demande s'il y a des intérêts de classe? — Les coalitions et les grèves sont à elles seules une réponse. Nous ne voulons point parler des intérêts supérieurs de direction, de prééminence, ni d'opinion qui agitent les classes élevées.

Malheureusement, le travail et le capital semblent en conflit permanent. L'ouvrier et le patron peuvent être pris pour type du désaccord social. Il est remarquable que l'un ne peut pas se passer de l'autre et qu'ils semblent toujours près de se dévorer. Il n'y a pas plus de travail sans capital, qu'il n'y a de capital sans travail. Ce sont les deux formes opposées de l'effort humain. Elles constituent une antinomie que la pratique des choses résout à toute heure, d'une manière nécessaire.

Si les grèves mettent en relief la contradiction, un seul atelier fonctionnant régulièrement doit être considéré comme la solution toujours présente de ce problème toujours pendant.

N'est-il pas visible d'ailleurs, que le problème se transforme et qu'il est, de plus en plus, dans l'amélioration de la condition de chacun, dans le développement individuel?

Qu'importe l'atelier, si l'on y est libre?

Qu'importe le travail, si proportionnellement, il rémunère autant que le capital? Que l'ouvrier reçoive un salaire qui lui permette de vivre et d'épargner : car vivre ne suffit pas; et il sera satisfait.

Le travail acquiert le capital, et le capital acquiert la propriété. Il n'y a pas de renversement possible de ces deux termes. L'ouvrier qui veut pousser plus loin doit les traverser successivement. Le paysan, le cultivateur ne fait pas autre chose. C'est une loi commune résultant de l'organisation économique des sociétés.

Le travailleur a une double situation. Il est à la fois producteur et consommateur, producteur d'un seul produit et consommateur de tous les autres; et il ne produit que pour *acheter le droit de consommer*. Comme il existe une tendance naturelle qui porte chacun à consommer plus qu'il ne produit, l'ouvrier se trouve dans la misère, tandis que les particuliers, les associations, l'État lui-même sont dans la gêne et l'endettement.

Il s'agit de réduire cet état à un minimum. Moralement, les souffrances sont équivalentes et tous pâtissent. Le plus souvent le travail n'a à envier au capital qu'une apparence. L'accroissement du bien-être général offre au travail sa plus sûre participation aux jouissances communes et au développement supérieur de la dignité humaine.

Entre les *Contradictions économiques* de Proud'hon et les *Harmonies économiques* de Bastiat il n'y a que la différence des extrêmes aux termes moyens.

Les harmonies ne suppriment pas les contradictions. Elles les supposent au contraire et tentent de résoudre l'antinomie, quoique Proud'hon répète souvent que l'antinomie ne se résout pas, ne remarquant pas que le fait seul de la marche du monde lui donne un éclatant démenti.

Le fait dépasse ainsi, et fort souvent la théorie par de malicieuses surprises.

Antinomie entre la production et la consommation : Antinomie entre le travail et le capital. Et le fait répond par le mouvement social universel. Il prouve le mouvement en mettant la machine en branle et la portant en avant. Il résout tant bien que mal l'antinomie, n'excluant pas dans cette matière, non plus qu'en toute autre, le droit et le progrès.

Souvent le droit est l'antinomie du fait et souvent aussi le fait est le secours et la sanction du droit. Entre l'un et l'autre la part de l'homme est immense. Je me demanderai même si dans cet infini laissé à l'idée et à l'action humaine, je ne devrai pas considérer l'homme lui-même comme la synthèse universelle.

La thèse et l'antithèse ne sont elles pas purement objectives? — La synthèse serait purement subjective. L'humanité ramènerait le monde à soi : nouvelle preuve éclatante de la supériorité de l'idée sur le fait, peut-être même de la seule réalité de l'idée!

IV

Il n'y a plus de place pour des intérêts de classe dans une société unifiée où l'égalisation se trouve établie autant qu'elle peut l'être par la liberté et la garantie des lois.

Il faut remarquer qu'à mesure que les intérêts généraux se développent, les intérêts de classe et les intérêts particuliers perdent de leur force.

On ne peut pas dire aujourd'hui que le travail représente, dans la société, moins d'intérêts que le capital. Nous ne parlons point de l'extrême division de la propriété qui assure à notre pays des destinées particulières et lui garantit, plus qu'à aucun autre peuple du monde, un ordre et une paix durables.

Toute la fortune de l'Angleterre est possédée par 600,000 familles, tandis que nous comptons en France 20,000,000 de propriétaires, dont 5,000,000 partagent entre eux 50 millions d'hectares de terre.

La patrie française est aussi chère à l'ouvrier qu'au patron. La liberté ne lui est pas moins précieuse. Les commandes faites au patron donnent du travail à l'ouvrier. L'augmentation des bénéfices implique l'augmentation des salaires. Les traités de commerce n'intéressent pas moins le travail que le capital. La paix au dehors n'est pas un besoin de moindre importance que l'ordre à l'intérieur. Enfin des idées générales, des affections et des intérêts communs, élèvent le niveau général, étouffent et restreignent les désirs et les intérêts individuels.

CHAPITRE V

DES AFFECTIONS DE LA FAMILLE

I

La famille est le premier groupe social. C'est aussi la première force sociale. C'est la forme naturelle de la collectivité humaine.

La tribu est l'élément simple de la conquête. Elle porte le nom de son chef. Elle devient peuple et nation. Les grandes familles fondent les plus durables dominations. Les républiques oligarchiques de l'Orient, de Rome et de la Grèce se trouvent à l'origine des sociétés européennes.

L'Italie du XIIIe au XVIe siècle est pleine du nom et de la terreur des Romano, des della Scala, des della Torre, des Visconti et des Sforza à Milan, des Bonacorsi à Mantoue, des d'Este à Ferrare, des

Polenta à Ravenne, des Pepoli à Bologne, des Medici à Florence, des Borgia, des Colonna, des Farnèse, etc...

Les dynasties ont la même origine. L'hérédité, et par conséquent la famille, pourvoit à la continuité du pouvoir. Les grandes maisons royales se fondent sur les débris des aristocraties. Aux sommets, l'intérêt, la raison d'État sont le principe de la famille et la soutiennent malgré les causes de divisions particulières qui éclatent entre ses membres dans l'existence de tous les peuples. Dans tout le reste du corps social, ce sont les affections qui forment le principe et le soutien de la famille.

Partout où l'homme substitue aux affections naturelles de la famille les affections acquises, il la détruit. L'homme n'est pas le maître de ses affections naturelles. Elles lui sont imposées par le sang. Il n'a qu'à s'y laisser porter. Il trouve toujours des circonstances où ces affections, que tant de motifs, d'ailleurs, peuvent détourner, reprennent le premier rang. Plus il va dans la vie, plus il reconnaît que le plus réel peut être de tous les biens, ce sont les affections. Le plus souvent il le reconnaît trop tard. « C'est quand on a perdu ceux qu'on aime, dit excellemment Alfred de Musset, qu'on sent combien on les aimait. »

Le reproche qu'on pourrait faire à notre temps, est une certaine tendance à l'individualisme dans la vie privée et au collectivisme dans la vie publique. La famille, au lieu de tenir sa place, entre l'individu et l'État, tend à s'éliminer et à les laisser seuls en présence. Les affections prennent un caractère général. Les choses d'intérêt public, après avoir laissé longtemps la nation indifférente, prennent le pas sur tout le reste. L'État tend à devenir tout puissant.

Ce résultat provient du concours des forces individuelles. Il représente une masse d'unités, non des groupes d'unités. Loin que la famille apporte de l'appui à l'État, elle lui apporterait plutôt la division, si d'une part le suffrage individuel n'abstrayait le citoyen de la famille et si d'autre part des affections communes ne se rencontraient point assez puissantes pour soutenir la famille en dehors de toutes les causes de déchirement que les différences de croyances, de jugements et d'opinions y ont introduites. Je sais des familles où l'opinion politique seule, plus encore que les croyances religieuses a mis la division, jusqu'à faire des frères des étrangers et des ennemis. Aux époques de déclassements et de reclassements cet effet n'a rien qui surprenne. Avec moins de liberté il serait impossible. Il s'efface avec le temps qui asseoit les gouvernements.

II

S'il est vrai que la démocratie favorise l'individualisme, il est vrai aussi que la famille demeure le groupe naturel qui prête à l'individu une force sociale immédiatement utilisable. Il est des hommes qui n'en possèdent pas d'autre et qui n'ont que la peine de naître. Les réactions inévitables du gouvernement des sociétés favorisent d'autant plus les familles unies dont les membres se prêtent un mutuel appui, que l'individualisme tend aux extrêmes et confond les personnes dans une médiocrité générale. Des intérêts de toute nature plaident la cause de la famille, dont les traditions et les exemples suffisent parfois à créer des mérites, outre que l'esprit de famille porte à l'esprit de gouvernement et détermine, même dans les républiques, la préférence sur le talent. Il suit de là que certaines familles, qui ont le secret et l'intelligence de cette force, se tiennent unies et puissantes dans un intérêt de domination, de privilège, de charges ou d'emplois et que les autres, auxquelles cet intérêt fait défaut, ne trouvent point dans les affections un élément de cohésion suffisant et se dissolvent progressivement. Par cette pente, les démocraties retournent nécessairement aux aristocraties. Elles n'ont point assez de talents à opposer aux grandes familles de l'État. Elles n'ont plus qu'à choisir entre le despotisme d'un seul ou une oligarchie pondérée par le nombre et la valeur même des familles appelées au gouvernement. J'ajoute qu'il n'est point nécessaire que ces grandes familles soient nobles et anciennes. Il suffit, et nous en pourrions citer plus d'un exemple, qu'elles aient acquis leurs titres par le talent, les services rendus, la probité et l'honneur. Deux ou trois générations suffisent alors à asseoir une famille et celles qui ont aujourd'hui le plus de part dans les affaires ne sont pas les plus anciennes, ni les plus nobles.

Il résulte de ce que nous venons de dire que les affections, qui sont le lien des familles dans les autres classes sociales, devraient être multipliées, étendues, fortifiées. Si celles-ci veulent se protéger contre l'abus de la puissance des grandes familles elles n'ont point de meilleur moyen que de les imiter.

Il est reconnu que la misère est essentiellement prolifique. Mais ces enfants qui seraient une force n'ont point de lien. La misère qui les a engendrés les disperse. La faim chasse l'enfant du foyer du pauvre : Et le pauvre a-t-il un foyer ? L'atelier tue la famille. L'ouvrier et l'ouvrière neutralisent le père et la mère quand ils ne les étouffent point. Seule la femme qui est, à tous les dégrés, la providence de la famille, la sauve parfois de l'anéantissement dans les ménages ouvriers. Là, la femme se montre le plus souvent supérieure à l'homme : C'est le contraire dans les classes élevées.

Dans la bourgeoisie l'éducation reçue, ici dans les écoles publiques, là dans les établissements libres, rarement au foyer; les croyances, les opinions, et toutes les causes particulières que nous avons étudiées mettent la famille à l'état de dissolution. Et cependant, quelle société possède par ses institutions et par ses lois des éléments de cohésion plus puissants? Notre régime des successions qui met l'égalité dans les partages suffirait à mettre les affections et l'harmonie dans la famille si les lois avaient plus de pouvoir sur les âmes que les causes particulières qui la détruisent.

CHAPITRE VI

DU RESPECT ET DE L'APPLICATION DE LA LOI

Il faut un certain nombre d'affections et d'idées communes pour que la loi soit acceptée.

« Les lois, dit justement Montesquieu, sont les rapports nécessaires qui dérivent de la nature des choses. »

Nos lois civiles expriment le rapport qui existe entre certaines vérités morales et un certain état de civilisation. Aussi bien, ces lois se modifient-elles et se complètent-elles avec le temps, on pourrait dire que des deux termes de ce rapport l'un est fixe et l'autre est variable. Le terme variable est cet état de civilisation que le progrès des esprits et des mœurs élève sans cesse. Les vérités morales ne changent point. On peut mesurer la valeur d'un peuple à la somme de ces vérités qu'exprime le rapport dont nous venons de parler et que ce peuple est capable de supporter. Étudier les législations, c'est étudier la moralité des États.

Là où les affections et les idées communes s'affaiblissent et se contredisent, la loi est sans force et l'État penche à sa ruine. L'homme est porté naturellement à voir dans la loi un obstacle à sa libre action. Dans l'état de nature il n'y a pas de lois : il n'y a que des forces. Les lois sont la plus haute expression de l'état social. Il faut donc à l'homme un degré supérieur de culture qui le mette en harmonie avec ses semblables pour qu'il voie dans la garantie des droits de tous, la garantie des siens.

Le mépris de la loi entraîne le mépris du législateur et des magistrats : et inversement. Quand les tribuns et les éphores eurent perdu toute confiance et toute estime, on ne connut plus, à Rome ni à Sparte, le respect des lois.

Ce qui porte les classes sociales à la défiance et à la haine, c'est l'inégalité dans la loi.

Il faut que la loi soit une et la même pour tous ; qu'il n'y ait point un droit pour le seigneur, un autre pour le bourgeois des villes, un autre pour l'artisan ; que le droit ne se vende et ne s'achète point comme un privilège ou une marchandise. Il faut voir là encore une des causes profondes de la révolution française.

Enfin, il ne suffit pas que la loi soit en harmonie avec les mœurs, qu'elle soit rendue par des hommes sages et prudents, qu'elle soit acceptée d'un consentement unanime : il faut qu'elle soit appliquée par une magistrature intègre.

La magistrature est un des principaux organes de la société. Si elle donne l'exemple de la partialité, de la vénalité, de l'intolérance, de l'esprit de secte, de la haine, de l'injustice, elle met partout le désordre et la désaffection.

Il n'y a pas de paix sociale sans le respect de la loi. Nous avons fait, à ce point de vue, beaucoup de progrès. Si la loi est mauvaise, on sait patienter et on la respecte jusqu'à ce qu'elle soit changée. Mais ce qui ne saurait être toléré, c'est qu'une loi, mauvaise ou bonne, soit injustement appliquée. La magistrature peut, jusqu'à un certain degré, redresser par une application modérée et équitable, une législation vicieuse. De cela, le peuple a facilement le sentiment. Ce qui le blesse au plus vif et le porte le plus à la défiance et à la haine vis-à-vis des autres classes c'est quand il prend conscience que la justice n'est pas la même pour tous, que les grands peuvent échapper au châtiment. Il est trop naturellement enclin à cette croyance, en dépit même de toute évidence, pour que la magistrature ne prenne pas soin de désarmer sa défiance par une application de la loi toujours impartiale.

C'est par leur fonctionnement que les organes sociaux mettent le trouble ou l'harmonie dans le corps social. Nul organe plus que celui qui est chargé de rendre la justice n'est capable de jeter la division entre les personnes et les classes ou d'y entretenir un heureux accord. Le respect de la loi n'importe pas moins de la part de ceux qui l'appliquent que de ceux qui la subissent.

CHAPITRE VII

DES MŒURS PRIVÉES ET DES MŒURS PUBLIQUES

I

Les mœurs sont à proprement parler la morale en actes.

La morale n'a d'autre objet utile que le redressement constant, suivant la raison pratique, des tendances actives résultant de certaines fatalités organiques.

Il faut distinguer les mœurs privées des mœurs publiques, en premier lieu parce qu'il y a pour l'homme la vie privée et la vie publique, en second lieu parce qu'il arrive rarement que nous nous comportions chez nous de la même manière qu'en public. « L'idola fori » de Bacon semble éternellement vraie et chaque jour vérifiée. Et cependant c'est à la confusion des mœurs publiques avec les mœurs privées que nous devons tendre. Le sage est le même partout. Il ne subit pas l'influence des milieux. Il est au foyer ce qu'il se montre sur la place publique. Il se conduit, selon la grande parole du philosophe de Kœnigsberg qui semble résumer si bien la morale, il se conduit comme si chacun de ses actes devait avoir pour témoin l'univers entier.

Il y a quelques années, l'Académie des sciences morales et politiques mettait au concours cette belle question « de l'universalité des principes de la morale ». L'universalité absolue est sans doute difficile à établir. Ce qui ne saurait être controversé c'est l'universalité des principes de la morale chez un même peuple. Quelle société formerions-nous si chacun de nous possédait en morale des principes personnels différents des principes communs? La législation, qui n'est que l'expression de l'accord social sur les principes de la morale, ne suffirait pas. Les lois sont impuissantes contre la conscience et il n'y a point de mœurs sans conscience.

La législation n'est acceptée que parce qu'elle est mise en harmonie avec les mœurs. Les mœurs résultent d'affections, d'idées et de croyances communes. Il y a des points sur lesquels la conscience individuelle se sent liée à l'avance. Il ne dépend pas de nous de ne pas recevoir, par l'éducation, telles affections, idées et croyances qui superposent la conscience générale à la nôtre et l'enveloppent si bien que le plus grand nombre ne possède point de conscience personnelle qui se distingue de la conscience commune. Erreurs, préjugés, croyances, idées toutes faites, affections toutes préparées; ils reçoivent tout de l'éducation et du milieu, vivent et meurent sur ce fonds commun. Ils ne discutent que si quelqu'accident met l'ensemble de ces notions acquises en opposition avec leur intérêt. C'est là que l'effort de la conscience individuelle est nécessaire pour saisir les lois de l'harmonie générale et rétablir le rapport qui lie notre bien au bien commun.

Cet effort, dont un petit nombre est seul capable, doit devenir facile par les mœurs, et les mœurs pour produire cet effet ne doivent point être dissemblables d'une classe à l'autre.

Déjà la politesse, qui est un trait particulier aux mœurs, se rencontre presque partout la même.

Sans doute on n'attend point que la naissance, la condition, l'instruction, la fortune, qui mettent tant de différence entre les hommes, n'en mettent plus dans leurs mœurs; mais le respect, le souci de la dignité personnelle, le sentiment d'un droit égal, qui se rencontrent plus généralement, rendent les mœurs moins dissemblables.

Aussi bien les mœurs d'une démocratie ne sont-elles point celles d'une aristocratie ou d'une monarchie; et la difficulté du sujet que nous avons abordé dans ce travail est-elle toujours de saisir et de rapprocher tous les rapports qui existent entre les choses et les placer à l'égard les unes des autres dans une action et une réaction sans fin. Il semble que dans le monde moral aussi bien que dans le monde chimique ou atomique, tous ces êtres, toutes ces quantités insaisissables se meuvent, agissent et réagissent dans des rapports fixes que la science morale actuelle aussi bien que la science positive, pour sa part, ne peut encore qu'indiquer. Montesquieu, de Tocqueville et au-dessous d'eux beaucoup d'écrivains distingués ont traité des rapports qui se rencontrent entre les mœurs et les institutions politiques, d'une manière assez complète pour que nous soyons dispensés d'y revenir. Un grand nombre de faits, d'ailleurs, nous manquent encore, et peut-[illegible]e n'auraient-ils pour résultat que de nous inviter [illegible]velopper les mœurs privées et à concentrer sur l'éducation morale de l'individu toutes les forces de la nation.

II

Si nous considérons l'homme : premièrement, dans ses rapports avec les hommes; secondement, dans ses rapports avec les femmes, nous remarquons qu'il est très différent de lui-même.

Il montre rarement avec les femmes, la franchise et la loyauté dont il est capable avec les hommes.

Ici se place une influence de tradition dont il faut tenir compte. Mais ce qui est galanterie dans un certain état des mœurs devient tromperie dans un autre. Pourquoi l'homme ne mettrait-il pas autant de sincérité et d'honneur dans ses rapports avec les femmes qu'il fait ordinairement avec les hommes? La personnalité humaine aurait-elle un sexe? L'âme humaine n'est-elle pas une? Et l'offense cesse-t-elle d'être l'offense parce qu'elle s'adresse à l'être le plus faible et le plus digne de protection?

Nous qui voulons aujourd'hui la même éducation pour la femme que pour l'homme, nous voulons aussi pour elle le même respect et nous ne voyons point de progrès dans les mœurs à moins de rapports francs, nobles, sincères entre les hommes et les femmes.

Tant que, dans les conditions actuelles de leurs rapports entr'eux, l'homme ne traitera pas la femme comme son égale, il n'y aura ni sûreté pour elle, ni repos pour lui, ni bonheur réel pour aucun.

Les lois sont dans un rapport fixe avec les mœurs. Les idées de monogamie rigoureuse, de pénalité sévère contre la séduction, d'autorisation de la recherche de la paternité, de divorce dans des cas très limités, sont des idées corrélatives. Elles se dégagent lentement du progrès général des mœurs, de conceptions morales supérieures. Elles n'ont qu'un pas à faire pour entrer dans le domaine de la loi.

La situation très différente des femmes selon le milieu social influe notablement sur les mœurs privées et publiques.

Tant que la femme est considérée comme un être de plaisir, il n'est point de classement social pour elle. Les circonstances et le caprice décident de sa fortune, et elle met entre les hommes l'égalité du vice. Toute distinction de classe et même de personne s'efface devant la femme aimée ou désirée. Il n'y a plus de différences entre les femmes que celles de l'âge et de la beauté, ou, ce qui est presque même chose, que celles que mettent entr'elles les illusions de la passion.

Certaines femmes ont le sentiment de cette situation contre laquelle proteste parfois la noblesse de leur âme. Elles ne veulent point être recherchées pour le plaisir. Elles voient dans cette recherche une dégradation qui, en effet, les mettrait au niveau de la courtisane.

Les mœurs s'opposent encore à ce que les hommes voient dans la femme un être moral : ce qui arrivera inévitablement lorsqu'ils la rencontreront, quelque jour, luttant, presque partout, d'intelligence, d'activité et de science avec eux.

Ce jour viendra-t-il? Il y a apparence, car la société est entraînée dans un mouvement que rien ne semble pouvoir arrêter. Entre l'homme et la femme il n'y a de possible que la subordination de l'une à l'autre ou l'égalité : Et pour que cette égalité soit supportable c'est le moins que l'éducation et l'instruction soient égales et semblables.

CHAPITRE VIII

INFLUENCE DE LA FORME DES GOUVERNEMENTS

—

EFFET DU RÉGIME REPRÉSENTATIF ET DU SUFFRAGE UNIVERSEL SUR LES RIVALITÉS, COMPÉTITIONS ET HAINES ENTRE PERSONNES ET CLASSES.

I

La république paraît à l'enfance des sociétés parce que les sociétés sont petites. C'est à l'origine une question d'étendue de territoire.

Comme l'observe exactement M. Hippolyte Passy dans son mémoire sur : « Le rôle de l'histoire dans les sciences morales et politiques », la cause de la diversité des formes de gouvernement est dans l'étendue du territoire. Mais uniquement à l'origine.

La forme républicaine paraît convenir naturellement aux petits États et la forme monarchique aux grands États.

Il faut remarquer cependant que les États-Unis forment une république parfaitement constituée et qu'ils occupent un des plus vastes territoires du monde. Mais c'est un exemple tout moderne. L'histoire ancienne n'offre rien de comparable.

Il est, d'autre part, constant que les éléments divers qui ont constitué les États-Unis en avaient comme à l'avance prescrit la forme. Un intérêt commun a fédéralisé plusieurs groupes politiques organisés primitivement les uns à l'état d'oligarchie républicaine, les autres à l'état monarchique.

L'étendue toujours plus grande des États-Unis d'Amérique peut devenir un embarras sérieux. La division des partis en est un autre très grave et qui peut inquiéter l'avenir de la république.

Enfin, certains éléments monarchiques, dus à la colonisation allemande, grossissent à certains égards le danger et il pourrait arriver que le peuple américain, à un moment déterminé, inclinât à constituer chez lui une sorte de monarchie élective ou même une dynastie nationale, bien que l'hypothèse n'ait point actuellement un fondement établi.

Le principe qui ferait dépendre la forme

du gouvernement du territoire n'a rien, non plus, d'absolu.

Le témoignage de l'histoire est qu'un même État a connu diverses formes de gouvernement. Qu'un État qui est petit tend à devenir grand et un État grand, très grand, à moins qu'il ne soit comme la Suisse emprisonné dans des frontières naturelles. Que la république s'adapte mieux aux petits États qu'aux grands États.

Mais comme il est dans la nature de la république d'être pacifique et dans la nature de la monarchie d'être conquérante, les petits États qui n'ont ni le goût, ni la force de s'étendre, doivent choisir la république, et les grands États qui se sont suffisamment étendus, qui ont été diminués par une guerre malheureuse, ou qui ont perdu le goût des conquêtes doivent tendre à s'organiser en républiques. Et c'est ce que nous observons de tous côtés.

On comprend maintenant que les opinions et les sentiments moraux des citoyens composant une république ou une monarchie seront très différents.

Montesquieu établissait que le ressort d'un gouvernement démocratique devait être la vertu, et l'honneur celui du gouvernement monarchique.

Dans le gouvernement démocratique, que je confonds ici à dessein avec le gouvernement républicain, un plus grand nombre de citoyens ont part au gouvernement. De là résulte la nécessité de se grouper, de se concerter dans les élections. Ces assemblées donnent en même temps aux hommes le goût de l'éloquence et favorisent, pour leur part, le développement du sentiment esthétique.

Le gouvernement démocratique a aussi l'avantage d'être entre tous celui qui peut faire naître et développer le plus d'intérêts, d'idées et de sentiments communs. C'est par là qu'une sorte d'égalité se fait dans le peuple et que s'établit aussi cet équilibre qui, selon l'occasion, concerte ou neutralise les forces sociales au profit de la paix publique.

Dans le gouvernement oligarchique, le privilège tient lieu de mérite et quelques familles représentent tout l'État. Ce gouvernement produit des mœurs et des sentiments dont les républiques de Venise et de Florence offrent les types. Il n'y a plus d'autre intérêt que celui de quelques maisons nobles ou marchandes qui se disputent le pouvoir et entraînent leur clientèle dans les guerres civiles les plus atroces. Souvent même il s'agit moins du pouvoir que de la vengeance de quelque offense particulière : voilà les plus belles cités du monde ensanglantées pour ce grand objet.

Dans le gouvernement monarchique, à quoi le peuple gagne de n'avoir plus qu'une seule famille sur les bras et les seules offenses à cette famille à venger de son sang, les mœurs et les sentiments prennent naturellement pour centre et pour objet :

la cour, qui est le seul point lumineux de la nation.

Vers la fin même du XVIIIe siècle on peut dire qu'en France, la vie finit aux portes de Versailles. On ne rencontre que gentilhommes se rendant à la cour, chassés par l'ennui mortel de leurs provinces où le roi ne peut les voir.

Le grand objet est d'être vu et distingué par le roi. Le reste de la nation offre l'image de cet homme noir, courbé sur les champs et qu'a peint La Bruyère. La guerre est un moyen de conquête pour le prince et de destruction pour les sujets. Les idées sont donc tournées à la domination, à la faveur, à l'éclat, à la galanterie, et finalement aux inventions frivoles de l'oisiveté. Il n'y a qu'un petit nombre de jugements et de sentiments qui demeurent communs entre un petit nombre d'hommes.

Dans ce gouvernement, comme dans le gouvernement oligarchique, bien qu'à un moindre degré, l'inclination naturelle qui porte les hommes à se distinguer met l'ambition dans la faveur et le privilège qui s'appliquent aux classes plus encore qu'aux individus.

Dans le gouvernement démocratique, le mérite personnel est la loi du classement social. L'individu est intéressé à son propre perfectionnement. La vertu devient le partage d'un plus grand nombre. Chacun ne peut grandir que par les autres et se trouve tenu de rapporter à la masse tout le bien qu'il en a tiré. Le sentiment de cette situation donne aux hommes une ambition moins déréglée, les porte à développer leurs mérites naturels, les habitue à n'attendre de distinction que de leur supériorité acquise et leur montre clairement que tout le bien qu'ils peuvent ils le doivent aux autres pour en profiter eux-mêmes. La faveur qui est un mal humain, même dans les sociétés les plus parfaites, n'est plus là que la récompense d'un seul. Elle ne s'applique plus à une classe ou à une famille, et elle perd son caractère d'hérédité.

On peut donc dire qu'à la différence de ce qui se passe dans le gouvernement monarchique ou oligarchique, il n'y a pas, dans le gouvernement démocratique, d'autre ressort que celui que l'individu peut mettre en action par le seul effort de sa raison et de sa vertu.

Les sociétés les plus policées et les plus libres sont celles où se rencontre le plus petit nombre de classes et le moins d'inégalité entre les classes. Les lois de Manou ne parlent que de sept castes, et l'on en compte aujourd'hui dans l'Inde près de quatre-vingts. La société française est de celles où se rencontre un petit nombre de classes et où les distinctions entre ces classes tendent à s'effacer le plus.

Lorsque le pays est pauvre et qu'un petit nombre d'habitants couvre une grande surface du territoire, comme en Suisse, il y a moins de classes et plus d'égalité. Le même résultat se rencontre dans des États très vastes où règne une démocratie laborieuse, égalitaire et dont toutes les parties sont liées par un ou plusieurs centres puissants, comme en France ou aux États-Unis; seulement, il arrive qu'ici il y a moins de misère et là plus d'égalité. Seuls, les petits États sont assurés de jouir des bienfaits d'une répartition supportable dans les droits, les charges et la fortune.

II

Sans discuter en aucune manière la valeur du suffrage universel et du régime représentatif, nous devons faire remarquer les effets qu'ils entraînent au point de vue qui nous occupe.

Le régime représentatif est de date assez ancienne en Europe; mais il n'existe nulle part qu'en France associé au suffrage universel et direct.

Nous n'avons pas à examiner les conséquences, jusqu'ici assez diverses, de cette association qui est encore à l'état d'expérience. Ce qu'il faut retenir, c'est qu'elle a transformé complètement les conditions du gouvernement dans notre pays.

Les classes appelées jusque là dirigeantes se sont trouvées dépossédées du pouvoir, ou plutôt elles se sont crues dépouillées à jamais et l'ont peut-être crié trop haut. Au lieu de s'appliquer à conquérir le nombre, elles se sont ingéniées à l'injurier, à le harceler, à l'égarer, et se sont étonnées de le voir parfois tourner contre elles. Il n'y a pas de question sur laquelle les différentes classes sociales se sentent plus disposées à se diviser et il n'y en a pas dans laquelle on apporte, de toutes parts, autant d'hypocrisie. Ceux-là mêmes qui déclament sur le suffrage universel et qui recueillent les meilleurs profits de leurs déclamations ne sont pas ceux qui s'en défient le moins et qui le réduiraient le moins volontiers.

Le suffrage universel étant le nombre, il devait arriver que le nombre demanderait une représentation spéciale, et la candidature ouvrière est née par opposition à la candidature des représentants plus directs des autres classes sociales.

Il n'y a pas d'exemples, avant l'apparition du suffrage univerel, d'ouvriers, d'artisans membres des assemblées représentatives. Ces représentations spéciales, si elles n'accroissent pas la séparation des classes, la révèlent péniblement. Elles posent la question de la représentation proportionnelle et quantitative, dans une matière où la qualité fait tout. Les meilleurs représentants des classes ouvrières ou agricoles ne sont pas nécessairement des ouvriers ou des cultivateurs.

Enfin, dans les assemblées, les rivalités de parti prennent le caractère de rivalités de classes et de personnes. Pour avoir les ministères, il faut avoir la majorité dans le parlement ; pour avoir la majorité dans le parlement, il faut l'avoir dans le pays, c'est-à-dire avoir pour soi le suffrage universel. Le chemin est tout tracé et les compétitions sont ouvertes. Ceux qui ont le nombre dans le pays peuvent prétendre, avec plus de logique que d'à propos, avoir le nombre dans le parlement et tenir les ministères.

Mais, en signalant ainsi les suites plus ou moins évitables du régime représentatif, associé au suffrage universel, nous sommes loin de rien prétendre contre lui. Les peuples sont comme les fleuves, ils ne remontent point. Il ne s'agit point de faire remonter la France. Il la faut éclairer, diriger, endiguer même si elle menaçait de rouler hors de son lit, de plus en plus profond, des eaux dévastatrices et bourbeuses, danger que ne doivent point redouter ceux qui mettent leur confiance dans sa modération et son génie.

Nous avons voulu établir que le régime représentatif et le suffrage universel méritaient de figurer parmi les causes de division sociale. Nous devons nous empresser de rappeler ce fait fondamental, vrai en sociologie autant qu'en physiologie, que les éléments qui détruisent la vie sont les mêmes que ceux qui l'entretiennent.

La conclusion à en tirer, ici, est que le régime représentatif et le suffrage universel, dont l'abus aurait les plus déplorables conséquences, peuvent devenir les instruments les moins imparfaits de l'accord politique et social.

Enfin, le régime représentatif peut être dépassé et une forme nouvelle de gouvernement s'introduire parmi les hommes avec les progrès d'une société où le gouvernement ne serait plus que l'administration d'un service public.

CHAPITRE IX

DES JUGEMENTS. — DES JUGEMENTS HISTORIQUES. — DES EFFETS DE L'ENSEIGNEMENT DE L'HISTOIRE. — DÉSACCORD DES ESPRITS.

I

Il faut beaucoup de science pour apprendre à se défier de ses jugements. Chacun juge son prochain qui le juge à son tour, oublieux de ce sage précepte : « Abstenez-vous de juger pour ne pas être jugés à votre tour. »

Les actions des autres passionnent notre esprit de critique. Nous leur appliquons la règle des motifs ordinaires, tandis qu'en réalité, les plus simples parmi les hommes agissent par des motifs particuliers qui le plus souvent nous demeurent impénétrables. Les motifs apparents sont rarement les motifs vrais. De là il arrive que nous donnons notre estime à qui mériterait notre mépris et inversement. On vient nous apprendre un jour que notre meilleur ami a commis une action honteuse. Nous voilà tout surpris. Nous l'avions mal jugé apparemment. Nous ne faisons pas autre chose. Nous mettons, par nos erreurs et notre infirmité d'esprit, l'injustice, la surprise et le désespoir jusque dans dans nos relations d'affection et par là beaucoup de désordre dans le monde.

Mais s'il en est ainsi de nos jugements à l'égard de ceux qui vivent sous nos yeux et nous tiennent de plus près, qu'elle défiance ne devons-nous point montrer dans les jugements historiques ? La vie si pure de Robespierre proteste toujours contre sa férocité ; et ainsi en tout exemple.

Pouvons-nous dire les motifs véritables qui ont déterminé les plus grandes guerres et inspiré les plus nobles actions ? Quelle part fut celle de l'amour dans l'héroïsme ? Tant de guerres paraissent absurdes qui paraîtraient toutes naturelles si nous pouvions pénétrer les vrais motifs qui les ont causées. La guerre de Sept ans ne passe-t-elle point pour n'avoir eu d'autre cause que le caprice d'une femme ? Et ne pourrait-on pas dire, en demeurant dans la vérité historique, que partout où les hommes règnent, les femmes gouvernent ?

L'histoire presque entière serait sans doute à

refaire si l'on prenait pour sujet : « De la femme dans l'histoire ».

La comtesse de Châteaubriand a assez de pouvoir sur François Ier pour faire donner à ses trois frères les commandements militaires en Italie et en Espagne : et, Lautrec fait perdre à la France le duché de Milan. Le même François Ier voit sa mère, la duchesse d'Angoulême, détourner 400 mille écus d'or qu'il destinait aux Suisses engagés sous Milan et ces troupes mercenaires l'abandonner après un combat inutile. Il faudrait pouvoir saisir les mille rapports dont est tissue la vérité. Et comme chaque chose a rapport à celle qui la précède et à celle qui la suit, il faudrait tout savoir pour ne rien méconnaitre.

II

Les hommes passent des siècles à se proscrire et réhabiliter les uns les autres.

C'est à peine s'il nous est donné, après tant de siècles et tant de travaux, d'entretenir aujourd'hui quelques idées nettes sur les plus grandes époques et les plus grandes figures de l'histoire. Quand on songe avec quelle légèreté, avec quel nombre restreint de documents et parfois quelles pièces fausses ont été édifiées certaines parties de l'histoire universelle, on n'est point surpris de voir les correspondances et les mémoires, tout à coup révélés, renverser toutes les notions reçues sur les choses et sur les hommes ; et l'on comprend que, frappés de ce fait, quelques hardis chercheurs se soient mis en devoir de réhabiliter Néron et les Borgia.

S'il en est ainsi pour les temps historiques les plus rapprochés de nous, quelle confiance peut inspirer l'histoire des temps plus reculés pour lesquels les personnages qui ont, à ce moment, rempli la scène du monde, ne peuvent apporter le témoignage ni de correspondance, ni de mémoires? Pouvons-nous oublier que l'*Histoire universelle* de Bossuet a résumé, un moment, toute la science historique : bien plus ; qu'elle l'a enseignée à une longue suite de générations !

Jusqu'à l'*Essai sur les mœurs* de Voltaire, l'histoire est considérée comme un enchaînement fatal d'événements qui marque l'intervention de la Providence dans les affaires humaines et ne peut être rapportée qu'à sa toute puissante volonté, volonté que les siècles suivants trouveront de plus en plus bizarre, injuste et indigne d'un Dieu et à laquelle la science positive de l'observation des faits substituera les fautes et les responsabilités des hommes ; et à leur soumission aveugle, l'action éclairée et libre qui les rend, pour ainsi dire, maîtres du bien et du mal historiques : grandeur nouvelle, toute humaine, et qui vaut bien la fausse grandeur d'un très grand roi! Il a fallu la publication de la correspondance de Marie-Thérèse avec le fidèle Mercy-Argenteau pour nous faire connaître la véritable Marie-Thérèse et la véritable Marie-Antoinette. M. de Chantelauze nous révèle un cardinal de Retz que nous ignorions.

L'*Histoire de France* du père Loriquet et l'*Histoire de France* de M. Henry Martin paraissent l'histoire de deux peuples différents. Le *Napoléon Ier* de M. Lanfrey, n'est pas le *Napoléon Ier* de M. Vaulabelle. Les exemples seraient à l'infini. Mais ce qui est plus grave, ou plutôt ce qui importe d'avantage : car s'il n'y a pas d'intérêt au-dessus de la vérité et nos recherches les plus consciencieuses ne font que nous rapprocher d'elle ; il est socialement bien d'autres conséquences à cette diversité de jugements. L'enseignement de l'histoire est de tous celui qui associe ou dissocie le mieux les esprits par l'admiration ou l'aversion, l'amour ou la haine des mêmes temps, des mêmes hommes et des mêmes œuvres.

Il faut bien le dire : on n'enseigne point partout à nos enfants la même histoire. Leur jugement sur les mêmes événements et surtout sur les mêmes hommes se forgent laborieusement, très différents les uns des autres. Il n'y a pas qu'une voix dans nos écoles, ni même hors de nos écoles sur la Saint-Barthélemy, la révocation de l'édit de Nantes, les dragonades, pas même sur la déclaration de 1682. Et cependant, si respectueux qu'on soit des droits de la vérité et de la liberté d'enseigner, on doit reconnaître qu'il n'est pas de matière sur laquelle un enseignement d'État semble plus nécessaire. La plupart de nos enfants n'auront point le loisir de redresser, par des études personnelles, les vices et les erreurs de l'instruction première. C'est le moins que nous nous préoccupions de leur assurer la vérité sur notre histoire nationale, la vérité telle que nous la possédons, celle qui nous donne conscience de notre dignité d'homme et de nos devoirs de citoyen, celle qui nous permet de voir en Molière un autre homme qu'un vulgaire comédien, en Voltaire un autre homme qu'un athée détestable, en Beaumarchais ou Mirabeau un autre homme qu'un débauché éhonté, celle qui ne calomnie pas, celle qui élève à la gloire de tout ce qui est grand et a illustré la patrie, l'hommage d'une âme française que rien n'a faussée.

On peut imaginer la part qu'a la diversité des jugements historiques dans la division des classes et des personnes, puisqu'elle est la source naturelle des opinions politiques.

Certains événements, certains personnages semblent appartenir à telle classe à l'exclusion des autres. La nuit du 4 août reste plus chère au peuple qu'à la noblesse. Le 21 janvier 1793 est une date sacrée pour une certaine classe de la société et le

4 mai ou le 14 juillet 1789, une date sacrée pour une autre.

Les uns voient le plus grand des rois dans Louis XIV, les autres dans Louis XI ou Henri IV. Il en est pour qui Jacques Clément et Ravaillac demeurent de saints martyrs.

Napoléon, malgré ses fautes et malgré l'abandon de sa noblesse et de ses créatures, demeure une figure légendaire et populaire. Il est encore des gens qui regardent la Révolution française comme le plus grand malheur de l'humanité, pour qui tout désordre, toute déchéance et pour ainsi dire toute suspension de la miséricorde divine datent de ce moment. Ces gens-là élèvent leurs enfants dans ces idées, et bientôt se forment deux sociétés dans une seule. La lutte est ouverte, chaque classe sociale s'approprie une histoire, une théorie, certains principes et certaines fins, le peuple refoulé, méprisé, tente de monopoliser la révolution et en détourne les conséquences à son profit. L'aristocratie et une partie de la bourgeoisie s'obstinent à ne voir dans ce grand mouvement que ses excès et ses horreurs, une religiosité hypocrite et intolérante succède à l'impiété et au scepticisme, provoque chez le peuple égaré et dégoûté un athéisme présomptueux, toutes les colères et toutes les craintes s'allument, les résistances se forment et les haines de classe, de caste, de religion, d'opinion déchirent la société.

Après quatre-vingts ans d'efforts et de douleurs, pour établir partout le règne de la liberté et de la justice, l'humanité souffre encore de la division que jettent et entretiennent entre les citoyens les derniers rejetons de ceux qui perdirent, avec la Révolution, le moyen d'hébéter et d'asservir les autres.

C'est à la société de se prononcer et d'achever son œuvre. C'est à elle de fixer la vérité historique par un enseignement national, et de garantir les esprits contre les erreurs et les préjugés qui mettent la discorde dans son sein.

La liberté peut demeurer entière, elle n'a rien à y perdre, tandis que le repos et la force de l'État ont tout à y gagner.

CHAPITRE X

LA PRESSE. — LE LIVRE. — L'OPINION PUBLIQUE. — ACTION SOCIALE.

I

La presse a fait l'instruction populaire et transformé les mœurs. Le journal, l'enseignement de tous les jours, est dans toutes les mains. Nos ancêtres n'ont rien connu de pareil.

Mais le journalisme n'est point un sacerdoce, et il a répandu tout d'abord autant de mal que de bien, autant d'erreurs et de sophismes dangereux que de vérités utiles. Il va s'épurant, s'élevant sans cesse, par le talent et le caractère des écrivains, la conscience de leur mission, la considération de l'opinion. Ainsi devient-il, de jour en jour, une puissance plus grande sans laquelle le gouvernement de l'État est devenu impossible. Déjà la presse a pu s'appeler le quatrième pouvoir. Elle est en réalité le premier, puisqu'au moyen de l'opinion qu'elle forme plus encore qu'elle ne la suit, elle tient et dirige tous les autres.

Malheureusement, il y a des partis, des opinions extrêmes, qui ont leurs organes et leur clientèle ; et, loin de s'apaiser, les dissensions s'entretiennent et s'enveniment.

Il est bien peu de journaux qui ne soient le journal d'un parti ou d'un homme. Cela tient à des motifs très divers et surtout à nos mœurs publiques. On ne fonde un journal que dans des vues particulières. Il en résulte une plus grande division dans les esprits, un nombre plus grand de nuances dans l'opinion, sans toujours beaucoup de profit personnel pour les fondateurs. Certains s'applaudissent de cet état et ambitionnent pour notre pays la situation des États-Unis. Je n'hésite pas à avouer que je préférerais de beaucoup à la multiplicité infinie des journaux, quelques grands journaux, organes d'une pensée et d'une conscience communes, ne dépendant d'aucune personnalité politique, ne représentant que les intérêts les plus généraux, ne servant que la patrie, instruisant même les plus instruits, moralisant les plus honnêtes et trouvant des lecteurs dans tous les rangs de la société.

Ayez des journaux de science, de médecine, d'industrie, de modes, tant que vous voudrez. Mais dans l'ordre politique, dans l'ordre que j'appelerai volontiers l'ordre national, n'ayez que quelques grands organes. Une société très unie ne pourrait supporter longtemps une presse divisée et nombreuse. La clientèle manquerait nécessairement.

II

La presse n'a pas eu que pour effet de répandre des idées, de populariser l'instruction, elle a momentanément tué le livre qui est devenu le partage du lettré, de l'érudit.

Le malheur est qu'elle a tué le livre sans le remplacer. Car elle est loin encore de fournir les mêmes enseignements que le livre.

Elle a donné des habitudes de lecture rapide, qui éloignent du livre. Elle a diminué le temps que des loisirs moyens y pouvaient consacrer. On ne lit plus que des livres spéciaux, sur des matières spéciales, dans un but également spécial, ou bien on ne lit que des romans. La littérature romantique surabonde. La haute littérature tarit. La production se décourage. Les auteurs savent qu'ils ne seront point lus. Si le public y gagne la plupart du temps, il court le risque d'y perdre parfois. Ou bien les auteurs ne lui présentent plus que des synthèses fort courtes qui peuvent accroître le mérite de l'ouvrage mais le rendent incompréhensible pour lui.

Mais l'action de la presse l'emporte encore sur l'action du livre, car cette action est de tous les instants et elle se fragmente à l'infini, tandis que l'action du livre est à longs intervalles et ne s'étend qu'à un petit nombre.

C'est en ce sens que nous avons pu placer la presse, bien avant le livre, parmi les causes qui entretiennent la division dans les opinions et les sentiments moraux des diverses classes de la société. Il n'est pas besoin d'ajouter que là comme ailleurs, la cause de division et de désunion pourrait être et est certainement destinée à devenir la cause des rapprochements, de l'union et de la force.

A l'influence de la presse et du livre, il faut ajouter celle des revues, publications mensuelles ou périodiques de tout ordre, et celle du haut enseignement public et des conférences.

La moyenne des publications, livres, brochures, revues, journaux, est de trois à quatre mille par an pour la France seule. Le nombre des cours publics, ouverts rien qu'à Paris par l'État et les différentes sociétés d'enseignement : Association philotechnique, polytechnique, etc., peut être évalué à plus de quinze-cents. Ce sont autant de tribunes d'où se répandent, dans toutes les classes, les idées et les affections communes. Il n'est point d'élément plus puissant d'unité et d'accord pour toutes les parties de la société. Il faudrait que tout le peuple pût être convié à prendre sa part de cette vulgarisation des principaux éléments de la science et des vérités les plus utiles aux hommes.

Depuis quelques années, les conférences sont entrées dans nos mœurs. On peut constater partout leurs excellents résultats. Dans la matière que nous traitons, ce n'est pas trop de tenir compte, en passant, d'une des raisons si puissantes qui entretiennent, si tout au moins elles ne les provoquent, les divisions des opinions et des sentiments moraux entre les diverses classes.

III

Un trait remarquable des temps modernes est la faible importance des opinions personnelles et le peu d'effet qu'elles ont, quelque haut placée que soit leur source. Des opinions qui eussent fait loi autrefois trouvent à peine, de notre temps, un intérêt de curiosité. L'influence des personnalités diminue. Le culte des grands hommes prend un caractère platonique. C'est l'opinion publique, c'est-à-dire l'opinion du plus grand nombre qui fait la règle, règle temporaire et variable. Les démocraties échappent difficilement à cet effet. Les intelligences supérieures se groupent naturellement et constituent une aristocratie d'académie, de cercle, ou de salon particulier; on échange des relations agréables entre soi; on est d'accord, et l'on s'apprécie justement. Mais sur le forum, on se combat. On représente des intérêts différents, et comme on n'a pas le moyen de faire l'opinion, on la subit, sauf à s'en venger en railleries charmantes qui ont souvent l'air d'apostasies.

Il y aurait tout un livre à écrire sur la part d'influence de l'opinion publique sur la marche générale des choses dans la société. On verrait combien les hommes et leurs doctrines pèsent peu dans un milieu dont la paix est le premier besoin et l'industrie la condition d'existence.

Schopenhauer et Hartmann ont pu penser que l'homme était instrument et dupe de la nature, sans réfléchir que l'idée de dupe implique l'intention de tromper et que la nature ne montre nulle part tant de malice. Ils auraient mieux fait de dire que l'individu jette en passant la semence des forces, des idées et des réalités fécondes dont la nature et la société profiteront. Qu'importe, d'ailleurs, l'oubli et l'ingratitude d'ici-bas ! Ceux qui ont quelque action sur leur temps, n'en ont-ils pas le plus souvent le bénéfice de leur vivant ?

Et quand ils ne l'auraient point, le sentiment d'une force supérieure ne suffit-il pas? Qu'est-ce que la gloire : cette fumée de la bataille humaine? Cette insoumise toujours en divorce avec le bonheur et parfois avec la vérité?

L'évolution du genre humain n'exclut pas l'évolution individuelle. Alors même que l'individu serait sacrifié au genre humain, il ne demeurerait pas moins libre de porter son développement personnel à la dernière limite. C'est sa dignité et son droit, tout en concourant à l'évolution universelle, de poursuivre son évolution propre et de devancer même, par la seule force de l'esprit, l'humanité agissante.

Ce qui nous distingue des temps précédents où une organisation différente de la société offrait un champ d'action et d'influence tout autres à quelques individualités puissantes, c'est que nous avons science et conscience de notre faiblesse et de notre fragilité.

A tous les degrés de la hiérarchie sociale, et quelque sentiment que nous ayons de notre mérite, nous rencontrons l'obstacle qui nous fait replier sur nous-mêmes. Une égalisation nécessaire fait à tout moment rentrer dans le rang celui qui tente d'en sortir. Une tolérance moyenne s'établit ainsi comme le résultat de l'impuissance commune.

La critique, toute moderne, prend, malgré le caractère atrabilaire de quelques écrivains, un air bonhomme et indulgent qui encourage la production sans encourager les lecteurs; car à peine lit-on tout au plus pour ne pas demeurer court dans les conversations du jour.

On sent bien que les œuvres, de plus en plus nombreuses, que les doctrines, de plus en plus contradictoires, sont à peu près indifférentes, que la société est emportée par de grands courants auxquels rien ne peut faire obstacle.

Il faudrait une dévotion bien intéressée pour s'alarmer publiquement de l'apparition d'un livre tel que « *L'Idée de la justice dans la Révolution et dans l'Église* », livre qui valut plusieurs années de prison à son auteur sans faire, d'ailleurs, beaucoup de tort à l'Eglise, ni beaucoup de bien à la Révolution.

Il est un degré général d'avancement de l'esprit public tel qu'il ne suffit plus d'un homme, ni d'une œuvre pour bouleverser une société.

CHAPITRE XI

DU LANGAGE. — SON ÉVOLUTION, SON INFLUENCE. — RAPPORTS AVEC LES DIVERSES PARTIES DE LA SOCIÉTÉ.

« L'homme pense sa parole avant de parler sa pensée. » Cette observation de M. de Bonald exprime le rapport qui existe entre la pensée et le verbe. La parole est en puissance dans la pensée. C'est là la grande âme de l'homme. Rien de comparable chez les autres animaux. L'évolutionisme se brise à cet obstacle, car la parole ne saurait être prise pour l'évolution du cri. Outre la différence des signes anatomiques qui distingue l'homme du singe et le classe à part, le centre nerveux de la parole est le premier « que nous voyons se tracer chez l'enfant ». (Claude Bernard.) C'est sans doute ce qui inspirait à M. Gratiolet la pensée de classer l'homme dans un règne supérieur qu'il eût appelé « le règne du verbe ».

C'est, en effet, un règne à part que celui de cet être pensant qui seul, parmi tous les êtres de la nature, possède la faculté de se projeter et de s'exprimer au-dehors, de faire passer le moi de l'état subjectif à l'état objectif, de se réaliser au-dehors par le discours, par l'œuvre de la parole et celle de l'art.

Le langage, et c'est en ceci que nous devons le considérer plus particulièrement ici, ne fait pas qu'exprimer des groupements et des classifications dans la société ; il rend, pour sa part, raison des différences d'opinions et de sentiments auxquels il prête sa forme.

Chez les classes inférieures, le langage se réduit à un petit nombre de mots et d'expressions. Il s'enrichit à mesure qu'on s'élève aux classes supérieures, que l'instruction s'étend, que les idées se montrent plus nombreuses, plus variées. La science contribue surtout à cet enrichissement auquel la littérature ajoute l'embellissement de la forme.

« Une science n'est qu'une langue bien faite. » La nation la plus savante peut-être, l'Allemagne, possède la langue la plus riche.

Dans l'enfance des sociétes, la langue est pauvre et rude. La civilisation, qui n'est sans doute que la force propre du développement social, marque là, comme ailleurs, son passage. Le langage s'épure, s'affine, s'ennoblit, se transformant à travers les siècles ; au Moyen Age lourd et savant, poétique et léger à la Renaissance, fin et délié au XVIIe siècle, méthodique et déclamatoire au XVIIIe, clair, précis et sincère au XIXe. Les mœurs ont leur langage. Les propos vifs, élégants, artistement ciselés du siècle de Louis XIV, détonneraient et surprendraient aujourd'hui. Il y a bien de la différence entre le langage de l'hôtel de Rambouillet et celui de nos salons.

Si vous voulez être fixé sur une personne qui vous est inconnue, attendez qu'elle parle. Celui-là seul est de notre monde qui a le même langage que nous. Le langage ne distingue pas seulement les classes, il distingue les groupes, les professions. Il y a le langage militaire, le langage commercial, le langage administratif, et les subordonnés n'ont pas le même langage que les chefs.

Nos auteurs ne font pas parler aux bourgeois le langage des ouvriers, ni aux ouvriers le langage des paysans.

Dans une réunion nombreuse, ou personne ne se connaît, les hommes se groupent plutôt par le langage que par le costume ou d'autres apparences. Le langage marque plus que tout le reste, la séparation des classes. La première appellation qu'échangent deux hommes distingue aussitôt leur rang.

Dans les mots : seigneur, maître, monsieur, citoyen, nous pourrions lire notre histoire.

Enfin, depuis que l'étude du langage est devenue l'objet d'une science véritable, depuis les premiers travaux qui ont constitué la philologie comparée, depuis Bopp, Max Müller, Schleiermacher, l'histoire du monde s'est éclairée et élargie, les hommes ressaisissent leurs origines, ils ne se considèrent plus comme séparés par des différences de couleur, de climat, ou de sol. La langue de leurs ancêtres résonne encore sur les hauts plateaux de l'Asie, dans la touchante simplicité des premiers âges. Aryens et Sémites retrouvent le chemin de la première patrie. L'Occident étonné prête l'oreille aux chants sacrés du divin Ramâyana et du Rigvèda, et prend conscience d'un passé inconnu. Les Védas, le Sankya, le Mimansa, le Zend-Avesta, rattachent les peuples nouveaux aux anciens par une parenté de croyances transformées par les âges. Les rapports des langues avec les religions et les civilisations se découvrent. Une langue unique sert une religion universelle. Le latin est pendant quinze siècles la langue des savants et des lettrés, des cours, des universités et des monastères. L'homme du peuple garde le patois de son bourg. Il n'y a pas encore de langue nationale. A mesure que l'unité nationale se forme, une langue nationale se dégage, se transformant, s'épurant, s'enrichissant d'âge en âge. Imaginez la liberté, le gouvernement parlementaire et les fruits de la civilisation moderne, avec un peuple sans langue commune, c'est imaginer la tour de Babel, quelque chose de confus et d'impossible.

Le latin, au Moyen Age, sauve l'Europe d'une nuit complète. Il crée entre tous les penseurs un lien sans lequel la civilisation n'eût pu se produire. Le français devient la langue internationale diplomatique bien avant d'être parlé seulement par la moitié du peuple.

C'est à dater du jour où les discours et les écrits des philosophes peuvent être entendus par le plus grand nombre que l'émancipation commence. On ne songe pas, sans étonnement et sans un peu de honte, que la langue nationale est encore ignorée dans quelques campagnes du Nord et de l'Ouest : ce n'est pas assurément par les fonctionnaires et les lettrés. Ce mouvement d'initiation progressive à la langue nationale part, comme tous les grands mouvements de civilisation, des sommets de la société. Les mots acquièrent un sens précis, scientifique, qui met la lumière dans les choses et l'accord dans les esprits. Mais on voit que l'impuissance à se comprendre a rendu longtemps les classes sociales étrangères l'une à l'autre.

CHAPITRE XII

DE LA SANTÉ. — HYGIÈNE GÉNÉRALE.

Il est, par dessus toutes, une chose que les hommes n'estiment qu'après qu'ils l'ont perdue : c'est la santé. Elle est le résumé de tous les états d'équilibre du physique et du moral. Elle est l'expression de tous leurs rapports.

On n'imagine pas une société dont tous les membres manqueraient de santé. Il y a une telle différence entre l'état de santé et l'état de malaise ou de maladie, et un tel rapport entre les conditions pathologiques de la vie et l'action humaine que le même homme ne se ressemble point dans les deux états, que ce qu'il fait dans l'un ou l'autre ne se ressemble pas davantage, qu'enfin les races fortes, vaillantes, saines produisent une civilisation avec laquelle les civilisations produites par des races faibles ou abâtardies sont sans comparaison possible.

La France, l'Angleterre ne sont pas riches seulement par le génie et l'industrie, elles sont riches par le sang.

Je n'ai point à entrer ici dans les considérations de sol et de climat qui ont une importance si manifeste; mais, à conditions équivalentes de sol et de climat, le travail du nègre ne vaudra pas celui du blanc, le travail de l'homme faible celui de l'homme fort, le travail de l'homme sain celui de l'homme maladif. Quel est le patron qui entretiendrait un atelier d'ouvriers malingres et infirmes? De quel salaire rétribuerait-il leur travail?

Il est bien vrai, comme dit la suivante de Portia, dans le *Marchand de Venise*, de Shakespeare « que ceux qui regorgent de tout sont aussi malades que ceux qui meurent de faim ». Mais si les riches abusent de tous les biens et corrompent leur vie par leurs excès, il n'est que trop vrai que les pauvres manquent souvent du nécessaire et que la faim est mauvaise conseillère.

On pourrait établir, par la santé, les mêmes distinctions entre les classes sociales que par le rang, la position ou la fortune.

Le paysan vit sainement, sobrement et meurt vieux. L'ouvrier se nourrit mal, manque d'air, exerce souvent des métiers malsains et meurt jeune. Le bourgeois, à l'état d'indifférence, de vie régulière, dans des conditions de santé moyennes, s'entretient mieux et rivalise avec le paysan pour la longévité. L'artiste, lorsqu'il ne vit que par le cerveau, va loin aussi. S'il a trop de passions, il meurt jeune comme l'ouvrier et l'artisan avec qui il n'est pas sans rapports. L'exercice et la vie active entretiennent la santé du soldat à qui, après de longs services militaires, la vie civile ne peut convenir longtemps. Les magistrats, les médecins, savent prolonger leur vie, mais ils évitent rarement certaines maladies que développent leurs professions.

Il y a un rapport réel et très déterminable entre certaines maladies et certaines professions. Chacun de nous présente sa pathologie individuelle, sa pathologie de métier et sa pathologie accidentelle.

La santé absolue n'est le privilège d'aucune profession, d'aucune classe, ni de personne. Mais il y a, selon les unes et les autres, échelonnement dans la santé comme dans tout le reste.

Les tables de mortalité sont là pour corroborer ces vérités. Sans doute la moyenne de la vie humaine s'est élevée. Après avoir été de 32 ans, elle est aujourd'hui de 41 ans. Les villes ont été assainies. Les professions insalubres ont été interdites ou transformées. Des comités d'hygiène fonctionnent dans tous les départements et dans tous les centres, étudient le sol, les habitations, les eaux, préviennent et entravent les épidémies. La société éprouve le besoin de se protéger et se protège de plus en plus. Mais que de progrès à réaliser! L'hygiène, la seule médecine peut-être, est née d'hier. Elle est peu répandue. Pourquoi n'en fait-on pas un des premiers objets de l'enseignement?

La loi du 14 janvier-26 février et 15 mars 1850 admet parmi les matières de l'enseignement primaire : « des instructions élémentaires sur l'agriculture, l'industrie et l'hygiène », mais à titre facultatif. Sous ce rapport, non moins que sous beaucoup d'autres, cette loi devrait être révisée. Il existe un tel rapport entre la connaissance et la pratique de l'hygiène et la santé privée et publique, l'équilibre général de toutes les fonctions, le bonheur individuel, le rapprochement des classes ; les conséquences de la santé ou de la maladie sont si étendues dans tous les sens, affectent si visiblement chaque individu, chaque groupe et le corps social lui-même tout entier, que l'enseignement de l'hygiène devrait faire suite immédiatement à la connaissance des éléments mêmes de l'instruction, c'est-à-dire la lecture et l'écriture. Cet enseignement devrait même suivre l'enfant dans les deux ou trois divisions de sa classe et se compléter par degrés de notions d'anatomie et de physiologie.

On parle de créer des écoles primaires supérieures. Cette matière rentrerait encore mieux dans le programme de telles écoles. On n'imagine pas l'ignorance de la plupart des gens en hygiène ou en médecine élémentaire. Et l'on ne saurait évaluer exactement les conséquences de cette ignorance.

Tout ce qui sera fait ou tenté pour répandre le culte de la santé et assurer l'équilibre général des forces physiques et des forces morales devra être encouragé. La gymnastique, le maniement des armes, pratiqués aujourd'hui dans quelques collèges et quelques écoles, devront être généralisés.

On dit communément que les générations actuelles ont dégénéré. On rencontre peut-être, en effet, moins de sujets de haute taille et de force remarquable; mais un plus grand nombre jouit d'une santé moyenne et d'une vie prolongée. On comprend que les conditions modernes de la vie industrielle, succédant à la vie guerrière, forment d'autres individus. La force musculaire remplacée par un armement perfectionné, le travail des machines substitué au travail des ouvriers ont dû nécessairement, avec l'accroissement général du bien-être, modifier profondément la vie et la santé sociales, comme ils ont modifié la guerre et l'industrie.

Nous dirions volontiers que le progrès s'accuse dans une diminution générale de tempérament. Le réflexion l'emporte sur l'action, la raison sur la passion. L'humanité semble vivre à une température plus basse, comme le globe qu'elle habite se refroidit de siècle en siècle! Il n'y a peut-être de repos dans le monde qu'à ce prix.

CHAPITRE XIII

DU MARIAGE DANS SES RAPPORTS AVEC LES DIFFÉRENTES PARTIES DE LA SOCIÉTÉ.

Chaque classe de la société a sa manière de comprendre et de pratiquer le mariage. Il n'est point de fait de la vie intime qui donne lieu à des interprétations plus diverses et plus différentes. On pourrait même dire que chaque ménage a une idée et une pratique singulières du mariage.

Le mariage ayant perdu son caractère de sacrement, les hommes n'y attachent plus qu'une valeur de contrat, c'est-à-dire une valeur parfaitement contingente.

Les mœurs ayant renchéri sur cette interprétation, le mariage est devenu un véritable contrat d'association passé entre les deux sexes.

La loi civile a établi et maintient de la sorte,

entre eux, un équilibre profitable à la société. L'intérêt social semble même avoir été la préoccupation dominante du législateur. L'intérêt des personnes lui est visiblement subordonné. Ni foi, ni amour; si ce n'est bien rarement et dans des conditions de misère absolue ou de grande opulence. Là encore les extrêmes se rencontrent et cependant il faut dire, pour rester vrai, que les pauvres gens cèdent plus facilement que les riches à l'inclination de leurs cœurs. Chez les plus riches, la préoccupation de souder entre elles de grandes fortunes en vue d'un intérêt de famille, d'influence, de gain considérable, donne aux mariages un caractère qui se rapproche de celui des alliances princières subordonnées à la raison d'État.

C'est aussi une sorte de raison d'État qui fait que la bourgeoisie pèse et soupèse les dots, les situations, suppute les profits et avantages et ne cède, en cette matière, qu'avec la répugnance qu'apportent les commerçants dans une affaire incertaine.

Celui-ci doit acheter un fonds de commerce, celui-là un cabinet, une clientèle. La femme apporte de nouvelles charges auxquelles ajoutent encore les enfants. Les pères qui ont des filles ne les marient point sans dot et ceux qui donnent des dots exigent ce qu'on appelle une situation. C'est-à-dire que le mariage qui devrait être le début de la vie sociale en devient le terme. Les jeunes gens épuisent leur jeunesse. Les jeunes filles épuisent leur tendre poésie et leurs douces chimères. L'homme et la femme se rencontrent devant un foyer glacé par le désenchantement, la défiance et l'âge.

Nous ne redirons point ce qui a été dit avant nous sur la pratique du mariage chez les classes ouvrières ou rurales. Nous savons, de reste, ce qui se passe dans la bourgeoisie et dans l'aristocratie. Nous sommes tenus simplement de relever les différences qui ajoutent aux barrières sociales et les causes qui se surajoutent les unes aux autres pour maintenir ces barrières et quelquefois même les élever davantage.

C'est dans les grandes villes que se rencontre le plus grand nombre d'unions libres et d'enfants naturels. « Ce nombre est trois fois plus considérable dans les villes ; et, dans le département de la Seine, on compte sept fois plus d'enfants naturels que dans les campagnes... [1] ».

Le rapport entre les naissances d'enfants légitimes et les naissances d'enfants naturels, après avoir été de 4 et 8 p. 100, est aujourd'hui de plus de 12 p. 100 [2].

Il faut ajouter que dans les campagnes les enfants naturels sont reconnus dans la proportion de près de 17 p. 100 contre 9 p. 100 dans les villes, et que les reconnaissances par la mère, dépassent de beaucoup les reconnaissances par le père : ce qui prouverait combien le sentiment de la paternité se

[1-2] Armand Hayem. *Le Mariage*.

rencontre rare en dehors de la famille où le sentiment de la maternité l'emporte toujours.

La part de l'animalité est encore grande parmi les hommes. Le mariage n'apparait que comme la subordination volontaire à une loi morale supérieure. Il n'y a pas d'obligations civiles pour celui que sa conscience oblige. La loi morale suffit à qui vit de conscience. Ceux-là n'hésitent point à contracter mariage qui se conduisent selon les seules obligations du devoir.

La consécration légale du mariage n'ajoute au contrat naturel qu'une sanction sociale. La famille vit constituée organiquement et naturellement par le seul fait de l'union du père et de la mère et de la naissance des enfants. L'abandon du père ou de la mère peut toujours rompre l'équilibre sans que la loi y puisse rien. La question reste entièrement morale et de conscience intime. Le domaine légal ne suffit plus dans le cas de violation des lois de la morale. La morale demeure supérieure à la loi.

Dans l'ordre naturel, le mariage n'ajoute rien à l'union d'un honnête homme ni d'une honnête femme, qui dès lors n'ayant rien non plus à y perdre y doivent recourir.

La vie de conscience, une soumission complète et pour ainsi dire naturelle, aux obligations de la morale, qui sont en effet, la seule règle des meilleurs, devrait donc constituer la loi commune.

Quelque éloignés que nous soyons de cet état, on

peut penser que nous en sommes cependant plus rapprochés que les sociétés anciennes dans lesquelles nous trouvons, au point de vue du mariage, des distinctions et des classements ailleurs que dans les mœurs, dans les lois mêmes.

Il faut d'abord reconnaître que chez tous les peuples de l'Occident aussi bien que de l'Orient, la polygamie était le privilège des aristocraties. Le principe était d'avoir autant de femmes qu'on en pouvait nourrir.

Les Germains eux-mêmes à qui nous devons sans doute, autant qu'aux Hébreux, la monogamie, avaient des chefs possédant plusieurs femmes. C'est là une distinction générale qui se rencontre à l'origine de toutes les sociétés, aussi tranchée qu'à Rome le droit de porter les armes. Posséder deux ou plusieurs femmes sera s'élever en dignité et en considération. C'est une attestation de fortune et de supériorité. On se demande si, depuis, les hommes ont réellement changé?

La lutte entre le principe de la polygamie et le principe de la monogamie se prolonge, fort avant dans l'histoire, avec des fortunes diverses. La monogamie l'emporte dans les législations bien avant de l'emporter dans les mœurs.

La misère générale rend le fardeau d'une seule femme déjà bien lourd et favorise naturellement la religion et la morale. La richesse demeure toujours une menace contre la monogamie qui continue d'être légère aux aristocraties. Un principe de liberté absolue, une conscience affranchie et raisonneuse, un sentiment d'individualité excessive, favorisé par le développement social, pourrait faire du mariage une formule inutile dont le régime actuel de la séparation de corps substitué au divorce éloignerait encore davantage.

Le nombre des unions libres augmente dans une proportion considérable, particulièrement dans les villes. Dans les campagnes, les légitimations par mariages subséquents semblent seules amener devant l'officier de l'état civil des êtres qui, sans la naissance d'un enfant, eussent continué de vivre dans des liens illégitimes. Qu'est-ce que le mariage rabaissé à une institution d'enregistrement ou de régularisation d'état civil? Faut-il prévoir le temps où, de même que sous Auguste, nous serions conduits à donner au concubinat un titre légal, à instituer des mariages après un an et un jour de vie commune et à distinguer l'*usucapio*, des *justæ nuptiæ*, comme pour marquer, encore plus profondes, les séparations qui, dans le mariage comme dans tout le reste, se rencontrent entre les classes?

LIVRE IV

CONCLUSIONS MORALES DE LA SCIENCE.

Elles se dégagent inductivement des raisons de germe, d'origine, d'hérédité organique et fonctionnelle, de culture, de développement, de milieu, et des raisons idiosyncratiques que nous avons relevées, non pas toutes, mais les principales, tant d'ordre collectif que d'ordre individuel, raisons générales et particulières qui expliquent les classements, les différences d'opinions et de sentiments, et servent de point de départ aux solutions sociales.

Ces conclusions ne sont que des conclusions actuelles. La science future les développera et les complétera nécessairement. Telles qu'elles se présentent, elles méritent d'être fixées et énumérées comme une sorte de synthèse pouvant servir de conclusion générale à ce mémoire.

L'idée est supérieure au fait. Elle lui donne sa réalité. La science est supérieure à la nature. Elle met la nature au service de l'homme.

L'humanité apparaît comme un quatrième ordre

supérieur à l'ordre animal, auquel se subordonnent l'ordre végétal et minéral. L'évolution se fait dans le même ordre et non d'un ordre à l'autre. L'homme, malgré toute apparence, est à lui-même son principe et sa fin. Les espèces sont impénétrables les unes aux autres. Elles se perpétuent ou disparaissent tout entières. L'espèce humaine s'étend de plus en plus sur le globe et absorbe, pour ainsi dire, la quantité de vie laissée libre par la disparition de diverses espèces.

L'ordre social est soumis à plusieurs des lois des corps vivants. Il participe de la nature physique et de la nature morale qui a aussi ses lois. Toutes les lois du monde physique ne lui sont pas applicables. Il y a des lois sociales particulières, lesquelles sont, à proprement parler, des lois morales. Le monde social est le monde moral collectif. La conscience collective ne doit point différer de la conscience individuelle, c'est à la confusion des deux consciences et à l'identification du monde social avec le monde moral que tendent nos efforts.

Les origines et le développement de chaque être social sont dans des causes générales de race, de milieu, de culture, et dans des causes particulières ou historiques. Ces causes se compliquent d'une part considérable d'accident qui rend encore la science confuse et insuffisante. Les organes et les fonctions, les groupements et les classements se forment selon une loi d'hérédité constante et de nécessité générale. Chaque organe, fonction, groupe ou classe, présente une vie propre, transmissible d'âge en âge comme celle d'un être complet se reproduisant, mais non sans modifications déterminables. Les influences de milieux rendent, en cette matière pour ainsi dire impondérable, l'expérimentation possible et souvent concluante. L'humanité n'est point nécessairement dépendante de certaines fatalités organiques. Une culture appropriée, une civilisation progressive, la dégage successivement et rend sa liberté morale de plus en plus absolue. Il n'y aurait point autrement de rapprochement possible entre les classes et leurs opinions et sentiments moraux. Ce rapprochement, après être apparu impossible, devient sensible. Il résulte du développement moral universel.

Les raisons des différences qui se montrent dans les opinions et les sentiments moraux des différentes parties de la société, sont dans les causes organiques et constitutives de l'être social. Toutes ces causes sont liées et se déterminent l'une l'autre. L'harmonie est constante entre tous les éléments du monde moral. Les différences d'opinions et de sentiments suivent les variations et modifications d'existence de l'être social. Ces modifications se montrent plus nombreuses et plus profondes depuis l'affranchissement moral de l'homme et la généralisation du travail multipliant et étendant l'action rénovatrice des sociétés par elles-mêmes. Elles suivent aussi les effets des produits combinés de la nécessité des choses et de la liberté humaine : la forme de l'être social, ses dispositions intérieures et particulières, l'adaptation et le jeu de ses organes, ses institutions, ses lois, son enseignement, ses mœurs.

Enfin, les causes idiosyncrasiques ou individuelles fournissent un élément qu'il n'est point permis de négliger. Il y faut voir le chemin par lequel se rapprochent les opinions et les sentiments, et par où se fait toute l'unité possible entre eux. Le champ indéfini, désormais ouvert à l'individualité humaine, marque toute leur importance.

Telles sont, en résumé, les raisons que nous avions pour objet de rechercher, et telles sont les conclusions auxquelles cette recherche nous a conduit. Ces conclusions morales de la science se dégagent des connaissances acquises et de la méthode d'observation employée. Nous savons combien elles sont incomplètes. Mais nous nous sommes gardé d'en aventurer d'autres, voulant demeurer fidèle à l'esprit scientifique qui ne doit pas seulement diriger les études physiques et mécaniques, mais aussi les études morales et sociales lesquelles n'ont rien à attendre de déclamations vaines et surannées.

TABLE DES MATIÈRES

CHAPITRE IV.

CHAPITRE V

CHAPITRE VI

CHAPITRE VII

CHAPITRE VIII

CHAPITRE IX

CHAPITRE X.

CHAPITRE XI

Évreux, Ch. Hérissey, imp. — 581.

www.ingramcontent.com/pod-product-compliance
Ingram Content Group UK Ltd.
Pitfield, Milton Keynes, MK11 3LW, UK
UKHW021057230726
13926UKWH00004B/1910